甘仁荣 著

母亲龚全珍

江西教育出版社
JIANGXI EDUCATION PUBLISHING HOUSE
·南昌·

图书在版编目（CIP）数据

母亲龚全珍 / 甘仁荣著 . -- 南昌 : 江西教育出版社 , 2021.12
ISBN 978-7-5705-2666-6

Ⅰ . ①母… Ⅱ . ①甘… Ⅲ . ①龚全珍 – 传记 Ⅳ . ① K825.46

中国版本图书馆 CIP 数据核字 (2021) 第 214375 号

母亲龚全珍
MUQIN GONG QUANZHEN
甘仁荣　著

江西教育出版社出版
（南昌市抚河北路 291 号　　邮编：330008）
各地新华书店经销
江西省和平印务有限公司印刷
720 毫米 ×1000 毫米　16 开本　13 印张　字数 150 千字
2021 年 12 月第 1 版　　2021 年 12 月第 1 次印刷
ISBN 978-7-5705-2666-6
定价：36.00 元

赣教版图书如有印装质量问题，请向我社调换 电话：0791-86710427
投稿邮箱：JXJYCBS@163.com　　电话：0791-86705643
网址：http://www.jxeph.com

赣版权登字 -02-2021-672

我的身份并不特殊
但有一份特殊责任

黎全珍

二〇一三年十月一日.

龚全珍获2013年度感动中国人物时留影（摄影：贺治斌）

龚全珍在庐山留影

龚全珍 92 岁时留影

龚全珍获第四届全国道德模范时留影

龚全珍与迟培兰（抗战老兵）合影

龚全珍与女儿甘仁荣合影

龚全珍七十岁时和四个女儿合影

龚全珍八十岁时和家人合影

龚全珍九十岁时拍摄的全家福

自 序

坐在母亲的病床前，每每她精神稍好一点，总能听到她讲小时候的故事，讲新疆八一子弟学校的故事，讲父亲的故事……件件历历在目。每每听到这些，我就有一种冲动，要抓紧时间把母亲所讲的点点滴滴记录整理出来。这是我做女儿的义务和责任！2021年春节后，我把老电脑找了出来，开始笔耕，尽力把自己心目中的母亲写出来，以报答父母亲的养育之恩。困于自己水平有限，力争能写出七八分像，我就心满意足了。

母亲从小生活在一个普通工人家庭，全家13口人，全靠外公养家糊口，生活很清贫。按常理，母亲很难有上学的机会，可是她从小就认定要读书，要有文化，将来才能独立自强。她八九岁时就是家里最勤劳的一个，渴望能有上学的机会。终于，四舅到了上学年龄，外公让母亲陪读。母亲深知学习机会来之不易，就加倍努力，上完五年级后又考取了初中。为了能继续上学，她利用早晚时间把家里要做的事情都做完。

1938年，日本侵略者占领了烟台。母亲的三哥参加了八路军，与家人告别时，母亲拉着三舅的手央求说：“哥，带我去吧，我也要当八路打鬼子！”三舅摇摇头：“你还小，部队不收，等三年，三年后我来接你参加共产党领导的八路军！”在三年的漫长等待里，母亲目睹日寇残害老百姓的情景，她决心不当亡国奴！她要去找三哥当八路军，为惨死的同胞们报仇！她女扮男装，徒步从山东到安徽，从安徽到河南，又从河南到陕西，历经千辛万苦，一边寻找三哥，一边流亡求学。直到 1949 年，她从西北大学毕业，正值西安解放，解放军接管了学校。贺龙司令员在全校大会上作报告，要求青年学子报名参军保卫边疆，建设新疆。母亲深受鼓舞，当即报名参军，如愿穿上了军装，成为一名解放军战士。随后，她被分配到新疆军区八一子弟学校当教师。从此，她在教育战线上勤奋工作了一辈子。母亲于 1952 年光荣地加入中国共产党，1953 年，经组织介绍，父亲与母亲结为夫妻。共同的理想信念使他们结合在一起。从此，不管父亲做出什么样的决定，只要对集体、对人民有利，母亲都和父亲保持一致，全力支持，即使放弃优越的城市生活，回到乡下去当农民，她也义无反顾……

一个知识分子，从城市到农村，从部队到山区，这种转变在思想上、生活上、情感上是多么不容易啊！可母亲顾全大局、任劳任怨的品格,使她仿佛对农村有着天然的适应性。她很快融入这个大家庭。她生活朴素，谁也想不到她曾是个大学生，是个老师，是个校长。她的生活方式、工作作风、思想品质跟父亲一样，舍小家为大家，一心扑在工作上。她除了要承担繁重的教学工作外，还十分体恤乡亲们的疾苦，自己吃的很多苦，受的很多委屈，她都一笑而过。

父母亲共同生活了 33 年，始终相敬如宾，从来没有红过脸。母亲不但不要父亲的工资，连自己 80.5 元的月薪扣除给外婆的生活补贴费20元、交学校的伙食费10元，其余的也都交给父亲统一支配，从来没有利用父亲的名义办过违反原则的事，从来没有利用父亲的名义为儿女谋私利。她始终在父亲的身后默默支持他：父亲把家里的钱全部用在修水利、建桥梁、办企业、买化肥、支援生产建设上，让儿女们从小在艰苦的劳动环境中长大，我们兄弟姐妹的衣着甚至还不如村里其他孩子。父亲甚至把我们当兵入伍、上高中、上大学的名额都让给了别人，对于这些，母亲同样认可支持。我们读初中后个个劳动积极，月月出满工，一年赚一千多个工分，长大后都能自食其力；我和公荣还当上了生产队妇女主任，母亲同样高兴鼓励。从父母身上，我真正读懂了什么叫志同道合，什么叫同甘共苦，什么叫相濡以沫。

母亲热爱教育事业，几十年如一日，孜孜不倦、乐此不疲地做一件事：教书育人。作为一个有着70年党龄、近100岁的老人，她依然不忘教育事业、社会公益事业。她时刻关注留守儿童，关注孤寡老人，关心残障人士。母亲的一生是俭朴的一生，是做实事的一生，是全心全意为人民服务的一生。

在父母亲的言传身教下，我们从来没有因为是将军的儿女而炫耀自己，从来没有享受过什么特权、优待，而是在平凡的工作岗位上，老老实实做人，勤勤恳恳做事，传承艰苦朴素的革命家风，个个品行端正、工作敬业。

2013年，我通过参加“龚全珍先进事迹报告团”在北京人民大会堂及全国巡回宣讲，对“龚全珍日记选”的阅读整理以及专程到母亲当年勤工俭学和下放劳动的现场走访了解，特别是这些年在母亲身边聆听她的教诲，从点点滴滴的小故事中感受到母亲的大爱。我想，《父亲甘祖昌》一书已经出版，《母亲龚全珍》的资料收集整理也基本就绪，为母亲写传记刻不容缓。这一工作也得到女儿李艺、女婿王永强的大力支持。他们虽然工作很忙，却还是利用业余时间帮我在文字上把关，通过这种方式表达他们对外公外婆的敬仰，为传承先辈崇高精神、红色基因，做了一件很有意义的事情。现在，《母亲龚全珍》一书就要出版了，我既高兴又担忧。担忧的是自己文化水平有限，没有写好，对不起读者。我只是一个忠实的记录者，实事求是地记录父母亲的人生历程，记录他们平凡而又不平凡的一生。期待读者多提宝贵意见。

甘仁荣

2021 年 5 月 29 日

目　录

第一章

母亲龚全珍

家

我的母亲龚全珍，1923 年 11 月 18 日出生在美丽的海滨城市——山东省烟台市大马路平安里 21 号，一个普通工人家庭。兄弟姐妹十一个，母亲龚全珍排行第六。她说在家里她有几个称呼，外公叫她老六，外婆叫她小妹，哥哥姐姐叫她三妹，弟弟妹妹叫她三姐。

外公龚湘桂，1880 年出生。1939 年，他因不肯学日语被单位开除，突发脑出血病故。他是家里至高至尊的家长，全家 13 口人要靠他的工资生活。他身材高大，浓眉小眼，很严厉，让人望而生畏。

外婆顾启慧，1893 年出生，1976 年病故。她自小丧父，跟着她母亲做布袜糊口，没有上过学。19 岁时，她嫁给了 32 岁的外公，共生了 12 个孩子，带大 11 个。一家人全靠外婆精打细算、勤俭持家，才得个温饱。

院子里的几口大缸是外婆专门腌菜用的，萝卜、白菜、雪里蕻等鲜菜便宜时，买上几百斤腌起来，每到做饭时捞上来洗干净切碎

外婆

就是一碗菜，再搭配豆腐、豆芽等，二十多斤的一桶油要吃一年。大人孩子每年一件新衣都是外婆亲手缝的。母亲小时候右臂常脱臼，请医生复位，每次要花两块大洋，外婆仔细观察学习两次后，再脱臼就自己复位。家里孩子多，难免有个伤风感冒的，外婆买些常备药，就不用去医院花钱看病了。她还会刮痧、拔火罐等，可以治疗一些常见病。外婆生孩子除了前两胎是请医生接生，后面都是她自己接生，连生完孩子她都不曾休息过一天。外婆还特别同情那些没钱请接生婆的产妇，只要有人叫她帮忙，她有求必应，不收一分钱。外公常叹息地说：“老太婆，你是何苦受这个罪呢？”外婆说：“人家有难处才来找我，不去我也睡不着。”边说边披上衣服就走。外婆是家里的“特殊大夫”。外婆在 1962 年、1965 年、1970 年来莲花，在我们家住过三次，每次都住了一年。外婆是我们心目中最勤劳、最善良、最能干的人,一言一行潜移默化影响着母亲。

大姨龚玉珍，比母亲大 10 岁，排行老大，聪明，长得漂亮，深得父母喜爱。她像个小家长，对弟弟妹妹们管教非常严格。她的学习成绩很好，小学毕业后，考取了蚕丝学校，毕业后在真丝厂工作。

大舅龚文联，从小调皮，高中毕业后，离家在外地工作，很少跟家人联系。

二舅龚文龙，从小就是老实本分的好学生，常常给弟弟妹妹们讲他学过的知识。外公被开除后，家里没了经济来源。他考入税务局当会计，每月工资全部交给父母，全家人都十分喜欢他。

二姨龚惠珍，10 岁病故。

三舅龚文涛，是母亲最崇拜的人。他只比母亲大两岁，身材并不高大,但是为了不当亡国奴,还在读初中的 16 岁的他参加了八路军。中华人民共和国成立后，他先后任山东省体育学院党委书记、济南市政协副主席等职。

母亲龚全珍，忠厚善良，勤劳朴素，很有个性。从小在家里干活最多，挨骂最多，是父母不太喜欢的一个孩子。1949 年从西北大学毕业后，她报名参军，被分配到新疆军区八一子弟学校当了一名穿军装的教师；1953 年，经组织介绍，与新疆军区后勤部部长甘祖昌结为夫妻；1957 年，她随丈夫回江西农村，当了一名山区教师。

四舅龚文麟，比母亲小两岁，学习勤奋，毕业于上海交通大学，后来被分配到福建省工作。1985 年在福建省宁德市高级中学离休。

五舅龚延峰，小时候机灵调皮，因爬树摔坏了脚，无钱医治，落下残疾。高中毕业后，他在江苏溧阳当了一名人民教师。

六舅龚文庭，才貌出众，初中毕业就以优异成绩考取东北财经学院，毕业后分配在新疆维吾尔自治区外贸局工作。

四姨龚秀珍，小学毕业，在济南市邮电局工作。

七舅龚文庆，初中毕业，是一名工人。

小姨龚兰珍，漂亮活泼，是一名小学教师，曾被评为全国优秀教师。

与外婆的合影

童　年

母亲小时候体弱多病，五岁那年病情加重，家中无钱医治，她头发都掉光了，奄奄一息。外婆心有不甘，二女儿病逝不久，三女儿又病成这样，就跑到寺庙里求菩萨。回到家后，母亲竟然用微弱的声音说："香油擦擦，香油擦擦。"外婆心想，死马当活马医，就用香油给母亲从头到脚擦遍全身。没想到一个星期后，母亲的头发慢慢长出来了，病情也有所好转。经外婆的精心调养，一个月后母亲竟可以下地走路了，不久病情痊愈。

虽然经过一场大病，母亲的身体却越来越结实。那时母亲上面已经有三个哥哥，两个姐姐（二姐在十岁那年病故），下面有两个弟弟。她除了要照看弟弟外，还开始帮外婆搞卫生做家务，十岁起就为全家人做饭。外公在电报局工作，三班倒，不管是白天还是深夜，她都要为外公做好饭菜，然后才去上学。外公外婆看到母亲穿着哥哥的破旧长袍，留着短发，干活认真的样子议论说："这丫头像谁？"外公说长得不像他，外婆也说不像她。母亲听到后说："我谁都不像，我像我自己。"说得他们哈哈大笑。

母亲说，小时候，对她影响最深的一件事是外公外婆为五元钱吵架。外公挣钱也管钱，有记账的习惯。每到月底就要外婆报一个月的开支项目，然后记在账本上。外婆不识字，有一次实在记不起来，外公又不停地追问："还有 5 块钱哪去了？哪去了？"外婆看到外公凶巴巴的样子，哭着说："这 5 块钱是我偷偷下馆子吃掉了！"说完哭着走了。孩子们见状都吓哭了，哭着要妈妈。外公这才慌了神，叫大家去把外婆追回来。从此，母亲告诫自己要上学读书，长大参加工作，靠自己养活自己。

我 要 上 学

母亲一家 13 口人全靠外公的一点工资养家糊口，生活过得紧巴巴的。尽管家庭贫困，但是外公外婆还是节衣缩食，把他们的孩子送到学校读书。外公有条不成文的规定，男孩供到高中毕业，女孩供到小学毕业。

好不容易到了四舅要上学的年龄，外公看四舅长得瘦小，怕被人欺负，就让母亲去陪读。母亲非常珍惜学习的机会，加倍努力学习，读五年级时就背着外公外婆报名参加小升初的考试。出榜时母亲看到了自己的名字，兴奋不已。外公外婆知道母亲考上初中了，不得不答应让她再读一个学期。

1938 年 2 月 3 日，日本侵略者在烟台登陆，烟台沦陷。三舅在学校和同学们进行抗日宣传活动，报名参加了八路军。他向父母告别时说："爸、妈，日本鬼子占领了烟台，我要跟八路军去打鬼子，不能照顾你们了！"外公说："保家卫国匹夫有责，我老了走不动了，我的儿子能替我打鬼子，我很高兴！只是你才 16 岁，你两个哥哥在浙江上学没回来。在家你最大，尽忠不能尽孝，向岳飞学习，精忠报国！"说着掏出两块大洋给三舅，"留着最困难时用！"三舅笑着收拾东西，母亲拉着三舅的手央求说："哥，带我去吧，我也要当八路打鬼子。"三舅说："不行。我入伍时就请求过三次，他们嫌我小，文化程度低，你才十四岁，小学还没毕业，到队伍能干什么？好好学习，过三年我回来领你参加革命！"说完背上行李就走了。

一个学期很快结束了，外婆不准母亲上学了。她赌气不吃饭，也不干活，外婆不理她，也不松口。母亲没办法只好吓唬外婆说：“不让我上学，我就去找三哥当八路军。”这一招很灵，外婆生怕母亲真的离家出走，只好让她继续上学。母亲知道这是父母对她格外开恩，便更加勤奋学习。谁也没想到，初中一年级结束时，母亲的成绩单上赫然写着一个大大圆圆的“0”。“这是怎么回事？日语怎么考了0分？”外公说。“我不想学日语！不想当日本人的走狗！”母亲理直气壮地说。“假如你下次再交白卷，他们给你加个罪名，把你抓到宪兵队去怎么办？再说了，你们不也学英语吗？难道学英语的都要当洋人？学日语也就是多学一门技能，多学点知识有什么不好？”母亲被外公说服了。可外公却没有说服他自己，他因为不肯学日语，被单位开除了。丢了工作后，外公心情很郁闷，1939年春突发脑出血病故了。家里失去了顶梁柱，生活更是雪上加霜。母亲艰难地读完了初中。当年说好三年后来接母亲的三舅也杳无音信，母亲日思夜想，等啊等……

1941年，母亲考入市立女子中学。有一天，校长突然通知全校师生，参加一个全市中小学生大会，庆祝某地沦陷，这是日寇的强制命令。当时，女中的校长很器重母亲，要母亲当女中的学生代表去慰问日军。母亲虽然很尊重校长，却以不会发言的理由拒绝了。“你不用发言，有男中的代表发言，你只需说声散会就行了。”校长告诉母亲。母亲只好勉强同意了。没想到庆祝会结束后，教育局的人不让他们走，还要带领全市中小学生代表走进日本的宪兵队，去给那些双手沾满同胞鲜血的魔鬼送慰问金。从日本宪兵队出来，母亲头皮发麻，全身发抖，像从鬼门关回来似的，她彻夜难眠，觉得自己已忍无可忍。她想她得退学，得逃出这人间地狱。很快母亲就以外婆生病为借口，退学了。当时班主任为她惋惜，但母亲一点也不后悔。

“几年过去了，三哥为什么还不来接我？”母亲百思不得其解。她只好想办法找工作。邻居家的一个女孩叫赵从珍，和母亲很要好。

母亲向她打听乡下有没有亲友，请她帮忙介绍工作。她很热心，介绍母亲到乡下当小学教员。母亲应聘到孙家滩小学当教员，心想乡下是日寇铁蹄踏不到的地方，到了那儿就能打听到八路军的消息，就能去找三哥当八路军。可是母亲不敢对外婆说自己的真实想法，只是说："二哥一个人养不活这么多弟弟妹妹，我工作了可以贴补家用。"外婆高兴地同意了。

四年的亡国奴生活，永刻在母亲心上。她说她就读的女子中学在郊区，她亲眼看见在大雪纷飞的日子里，一位老乡因带半袋盐被日兵扒光衣服，用刺刀割开他后背的皮肉把盐撒进去，血流了一大片。日寇在光天化日之下把女工拉进碉堡强奸杀害。张裕酿酒公司变成日寇宪兵队的刑场，被抓进去的同胞受酷刑发出的惨叫声让人痛心。母亲看在眼里，听在耳中，恨在心头。破碎的山河，触目皆是同胞的血和泪。她要跳出这火坑，去找三舅，为死难的同胞报仇雪恨！

“先生娃”

孙家滩离烟台只有 25 里路，是个不小的村子，以种地为主，大约有百户人家，只有一所完小，有十多个老师。有一个二十多岁的男老师姓孙，家就在学校的旁边，母亲和三个女老师都住在他家的一间客房里。农村孩子读书晚，有些学生看上去跟母亲一般大，他们下课后，亲切地叫母亲为“先生娃”。

学校的男老师中只有两个比较年轻，一个叫于云昆，大约二十岁，另一个叫周康生。他们问母亲：“为什么不在烟台念书，到乡下来干什么？”母亲说:“在日本鬼子眼皮子底下日子难过。”他们告诉母亲，原以为她是日本人派来的汉奸，见了面才知道是个黄毛丫头。母亲一边教书一边打听八路军的下落。他们告诉母亲几十里外有游击队，还告诉母亲，他们准备放暑假去大后方的国立中学读书，那里专门招收沦陷区的青年学生，不仅不要学费，还管吃管住。母亲问大后方在什么地方，他们说就是日寇没打到的地方，是中国人自己的地方。这真是天大的好消息，还有这么好的地方！

“那我跟你们一起去！”母亲当下做了决定。“你呀,一个女孩子，能吃得了一路上的苦吗？”“当然能！”母亲信心满满地回答。

1942 年放暑假，母亲决定要出远门了，必须乔装打扮一番。她剃了个平头，穿着哥哥留下的灰色长袍，真像个男子汉！她用三个月教书的积蓄作为路费，按照约定的时间出现在汽车站。

流亡求学

母亲很有个性，认定的事就一定要做到。几年来，她一直盼着三舅能早点回来，带她去参加八路军。可是，一天天，一月月，一年年，三舅一直杳无音信。母亲一心想离开日军占领的鬼门关，去求学，去找三舅当八路军，去过全新的理想生活。

她只把去大后方求学的事偷偷告诉了四舅。怕外婆不同意，她就骗外婆说去孙家滩小学拿东西。结果，这一去，从此关山万里，与外婆相隔天涯，直到十五年后母女才得以相见。

母亲和孙家滩的两个同事一起出发坐车到了济南，又坐火车到了安徽宿县。经过日本人的一番盘查后，他们来到了既没有日本军队又没有中国军队的“两不管”地区，请老乡用推土车推着行李，他们跟着一路小跑，终于到达阜阳。

阜阳国立二十二中是一所专收山东沦陷区流亡学生的学校。高中部是校本部，在上集，他们又步行了三十几里路，到了上集。

经考试编班后，他们就开始正式上课了。在这里学习，母亲感到一切都是那么新奇。因为这是一所仿军事化管理的中学，学生都穿二等兵的军服。学校的伙食也异常简单，只有一点豆腐乳、蔬菜，仅放了一点盐，没有一滴油，但母亲很快适应了新生活。她每天跟着同学们一起兴致勃勃地军训，唱抗日歌曲，还参加了话剧团，演男角。因为母亲从山东老家一出来，就把头发剃短了，在学校又丢失了梳子，怕头上生虱子，母亲就请理发师为她推了个小平头。因这个小平头，母亲还闹过笑话呢！有一天夜里，忽然有好几个老师一起来查寝，因为听说有个男生混进了女生宿舍。结果发现,这个潜入女生宿舍的"男生"就是母亲,大家不禁哄堂大笑。从此,母亲得了"假小子"的绰号。

在这里,母亲认识了好友李葆华。她们同岁,李阿姨是山东济南人。李阿姨的父亲是个地主,已经有了三个子女,又娶了小老婆。她的母亲是个知识分子,不愿受这般冷落,于是把大女儿留给了丈夫,自己带着小女儿和儿子离开了夫家并离了婚。李阿姨从小被送到外国人办的教堂里读书;初中毕业后,她和弟弟都考入了国立二十二中。李阿姨和我的母亲志趣相投,成了同甘共苦的好姐妹。

母亲(左)和李葆华阿姨(右)合影

母亲的求学之路注定不平凡。国立二十二中有好几个月没给老师们发工资，老师们罢课了。学校已经有两个多月没有上课，母亲便和李葆华阿姨商量，继续去找能上学的地方。

两个不到二十岁的女孩，以母亲生病要回家探亲为由，离开了国立二十二中，背着行李，徒步来到了河南叶县的苗圃中学。

苗圃中学只有住处，没有教室，也看不到上课的老师，天天军训，三四个女教官像看管犯人一样监视着学生。母亲和李阿姨两个人商量离开这个根本算不上学校的地方。最后母亲决定去河南省淅川县国立一中——她初中时的老师王光甫在那儿任教。可苗圃中学的女教官就是不批准她们离开，直到农历九月中旬，一个秋雨绵绵的日子，在她俩的一再恳求下，教官才批准她们离校。那时，天都黑了，教官却命令她们必须连夜离开。

“走，咱们走！”母亲一咬牙，背起简单的行囊，拉着李阿姨，毅然走进了茫茫雨夜，也走进了重重危险……她们无钱搭车，只好徒步。从河南叶县到淅川县，一路上都是灾情严重的饥荒之地。

两个不到二十岁的花季少女，一路上无依无靠，怎么走？母亲对李阿姨说：“我们不仅不能表现出害怕，反而要大摇大摆地走，因为我们身上穿着军服呢，就利用这身军服做掩护吧！”“对对对，我们就让别人觉得我们不是学生，而是当兵的。”李阿姨很赞同母亲的意见。母亲笑着摸摸自己的小平头，又指指李阿姨的短发，就这样，她们女扮男装，一个背衣服，一个背被子，艰难地向西行进。有时实在累了，她们就少走一些路。夜里，她们就睡在廉价旅店的大通铺上，尽量躲在房子的角落，不让那些男旅客看出自己是女的。

就这样，母亲和李阿姨一天接着一天走，脚上走出了血泡，血泡磨破结了痂，最后又变成了茧子……她们走过荒无人烟的山岗，走过饥民处处的大路，走过人少空旷的小镇，也走过一所所没有多少学生的学校。那时，活着已是不易，很多农村孩子根本就没有求学的机会。母亲和李阿姨铁了心要寻求一间安静的教室，一所新的学校，要完成求学之路……此刻，她们并不知道，这条漫长的追寻之路，也改变了她们以后的人生道路。

十多天后，她们终于来到了淅川县，走进了淅川国立一中。母亲曾经的老师王光甫看见两个女孩猛然出现在他面前，惊叹不已，连说："这么远的路，你们竟然走过来了，了不起！你们太了不起啦！"然后，看着她俩磨破的鞋子和破烂的军装，眼里涌出心疼的泪花。

"走，我这就带你们去找王国光代校长，请他留下你们。"那一刻，母亲和李阿姨简直乐坏了，想到马上就能再读书，便完全忘却了一路的艰辛，她们的内心激动万分！可是，她们却在王校长那里碰了个大钉子。

当王国光代校长见到母亲和李阿姨，听王光甫老师介绍了她俩的情况后，露出了一脸不可思议的表情，说："哎呀，就你们俩，徒步从安徽一直走到这里，你们的求学之志太感人了。可惜啊，我们学校的开学时间已过，按规定学校是没办法收下你们的。对此，我爱莫能助，深表遗憾。"

满心热望，转眼间变成了深深的绝望，母亲的眼睛霎时红了，李葆华阿姨眼里也噙着泪花。"怎么办呢？王老师一个人带着两个女儿，生活已经非常拮据，我们要再住在他家里，那就太为难他了。要么我们再卖些衣物当盘缠，去四川找国立六中吧！"母亲和李阿姨商量着。这话被王老师听见了，他坚决不同意："此去四川，一路上兵荒马乱的，不要说求学，就是你们的生命安全也得不到保障啊！你们别急，先在我家住下来，让我再跟学校商量商量吧！"就这样，母亲和李阿姨暂时在王老师家里住下了。

王老师的家是两间很简陋的小茅屋。当时，王老师的两个女儿正失学在家（大女儿小学毕业没考上初中，小女儿三年级）。为此，王老师十分发愁。

“王老师，您别急，这几天我和葆华反正也是闲着没事，就由我俩给小妹妹们补补课，行吗？葆华以前读的是教会学校，她的英语顶呱呱。我呢，在小学教过书，也算有一些教学经验。”听到母亲这番话，王老师高兴极了，说：“由你们来辅导她们，那太好啦！”

母亲和李阿姨开始给王老师的两个女儿补课了。没想到，第二天就多了好几个旁听生。原来，在国立一中，有很多教师的孩子因为小升初考试没通过而失学。善良细心的王光甫老师看到这一幕，脑子里灵光一闪，就跑去找王国光校长，建议由母亲和李阿姨来做那些失学教工子女的补习老师。“这个主意不错，不过，我怕上级主管部门不同意啊！”王国光是淅川国立一中的代校长，考虑事情格外慎重。虽然王校长没点头，来补习的孩子却一天比一天多，王老师的小茅屋都挤不下了。这时，其他教师也纷纷跑去向王校长请求，希望他能把两位“小先生”留下，给学校教工的子女们正式开一个补习班。

到了第九天，王校长终于答应了。学校管母亲和李阿姨吃住，让她们带两个补习班，等下学期开学，再让母亲和李阿姨插班学习。

就这样，母亲和李阿姨在正式进入淅川国立一中就读前，先在淅川国立一中当起了教工子弟们的“小先生”。当时，学校专门为她俩组建了两个班，一个是补习班，教的是没考上初中的教工子女，共29人；一个是复式班，一、二、三年级共10多个孩子，母亲和李阿姨各带一个班。她们不拿工资，和淅川国立一中的学生们同吃同住。母亲和李阿姨的干劲十足，耐心细致地教孩子们。三个月后，学校迎来了初中春季班的招生考试。结果，母亲所教的补习班的29个学生中，有28人考上了初中，还有1人考上了简易师范学校。这可把学校里的老师们乐坏了。母亲和李阿姨也顺利插入高一下学期的班上学习。

“啊，这求学机会，多么来之不易！”当母亲和李阿姨踏进高一年级的教室时，她们忍不住紧紧拥抱在一起，流下了激动的泪水。

那时，国难当头，学校的办学经费很紧张，学生们的生活很艰苦。学生们早上吃的是玉米粥或红薯，中午和晚上都是一人一个大馍馍，八个人一桌，只有一碗素菜，两小块豆腐乳，月末才能吃上一两顿荤菜。即使这样，在母亲嘴里，全似山珍海味般美味。

母亲只恨自己的英语基础差。她初中时在日本占领区上课，每周只有两节英语课，数理化实验也少。她的成绩比不上正规国立中学的学生，正规国立中学虽然物质条件差了些，可每周上四节英语课，那里的学生英语学得好些，数理化基础也很扎实。所以，母亲昼夜苦读，就是为了赶超自己的同学。

那时，母亲和李阿姨唯一的娱乐，就是晚饭后在校园里吹吹口琴、唱唱歌。李阿姨是吹口琴的高手，母亲唱歌很好，女中音，她们的组合可谓是经典二人组。她们这对“小先生”，虽然做了学生，但仍有很多她们辅导过的学生来看望她们。班上的同学也十分羡慕她们有那么艰难曲折又丰富多彩的求学经历。那时，她们是许多同学的偶像。

而母亲的偶像，则是校医韩大夫。韩大夫四十多岁，跟王光甫老师一样都是瘦瘦的，眼睛也特别有神，个子比王老师稍高些。当时，韩大夫是医疗室里的光杆司令，医疗室既没有护士，也没有多少药品。可他却很有办法，不仅用自制的硫黄药膏治好了在学生中广为传播的疥疮，而且还成功救活了一位患白喉的女生。他专为伤病员设立的“病号小灶”，每周都有肉蛋，不仅营养丰富，而且非常可口。母亲曾因胃病吃过一周“病号小灶”，她说那是天下最美味的大餐。韩大夫没有助手，母亲就主动去医疗室当帮手，给有伤病的师生们冲洗伤口、换药等，也从中学到了一些护理知识。

在淅川国立一中的求学时光虽然短暂，却给母亲留下了无比美好的记忆。

1944年，日军进攻河南，国民党军望风而逃。淅川国立一中的课堂也不再安静，学校奉命往陕西方向迁徙。母亲再次背上行囊，踏上了求学之路。只是这次她是和全校师生一起走的。大家都走得很辛苦，也很悲伤，正所谓“山河怜破碎，草木亦伤悲”。他们这次走了二十多天，才抵达目的地——陕南城固县。一路上陪伴他们的，不仅有脚上的血泡老茧及硬得像石头的干粮、高粱馍馍，还有各种各样的危险。很多人把这些中学生当成叫花子，还有几个掉队的男生被抓了壮丁，经过学校多方交涉，才被放了回来。一路上母亲她们的文艺小组一边唱歌一边鼓励同学们勇敢向前走，经历了重重困难，终于与城固中学的师生会合了。淅川国立一中和城固中学合并成国立一中。

当时，城固中学的教室住满了逃难的学生，那里既是教室，也是寝室。新的学校虽然有了，但想拥有一间安静的学习室还是不易。母亲和几个女生想方设法，找到了离学校百米远的一个青年馆，那里有两间大房子，一间放着乒乓球桌，另一间有书报桌凳，于是这里成了他们读书做作业的理想场所。

母亲读高二时考取西北大学教育系，高三就不用上课了，于是她找了一份代课老师的工作，有了一些经济来源。李葆华阿姨高中毕业后考取了南京大学，没钱交学费，母亲就把她代课的工资全部给李阿姨交了学费和生活费。

几年来艰难的求学经历，母亲锻炼出极为坚强的意志和极其出色的能力。从山东烟台老家出发，经过日寇的封锁线，到达安徽阜阳的国立二十二中，又到河南叶县的苗圃中学，再到河南淅川的国立一中、陕南城固的国立一中，辗转四个省五个地方，徒步几千里。她从饥荒中走来，从重重危险中走来，走过荒无人迹的原野，触目皆是国家的伤痛、民族的血泪。她用苦难助力，坚定理想信念，在求学之路上越走越远，越走越坚强，朝着自己的求学报国理想前进，前进……

坚定执着追理想

1945年8月，日本投降了，举国欢庆。国立一中的同学们载歌载舞，欢呼雀跃。当时，西北大学已经迁徙到城固县，与国立一中相距百米左右，学校为了庆祝抗战胜利，在迁回西安之前增设了教育系，可公费就读。母亲得知这个消息后，觉得这是个千载难逢的好机会，她向往着读大学，自费的大学她读不起，又担心以后取消公费，于是她在高二时就直接报名参加考试，并以优异的成绩被录取了，成为西北大学教育系二十六名学生之一。

母亲满怀欣喜地来到西北大学，但是报到处规定，新生入学要有两个教授做担保人。母亲在西北大学举目无亲，只好去找她同学的一个亲戚——在西北大学经济系读大三的赵先生帮忙。赵先生满口答应，带着母亲去找自己的教授，说母亲是他的女朋友，教授爽快地答应了做母亲的担保人。就这样，母亲终于实现了自己的大学梦。

母亲读大学时的照片

作为第一届学员，母亲

进入西北大学后，急不可耐地开始了她四年的学习生活。虽然教育系刚刚成立，但师资力量很强大，系主任由从美国留学回国的著名教授担任。母亲常思考，到底怎样才能教好学生呢？虽然自己之前教过孙家滩小学的乡下孩子和淅川一中教工的子弟，她早已感受到了教师这个职业的神圣性，但是仅仅把学过的知识讲授给学生，她始终觉得这样无法真正当好教师。在她眼里，一个好的教师除了要品德高尚，为学生着想外，还要把学生当作自己的儿女一样关爱。要当好一个优秀教师，到底应该如何找到这些品质之间的平衡点呢？教师的真正目的是什么呢？带着这些疑问，她一头扎进了教育学的学习当中。

母亲在学校一边学习，一边抽时间参加各种各样的学生活动。当时，西北大学的学生运动十分活跃，学生们在课余时间组织了话剧表演、反对国民党统治的游行示威等。有一次，国民党当局在学校抓了 80 多名思想先进的学生。有同学劝她，继续这样做很危险，但她不畏艰险，坚持宣传革命。特别是由田汉创作的革命话剧《放下你的鞭子》，给她留下了深刻的印象。话剧中发人深省的革命道理，让她仿佛再次看见日军的种种暴行，让她再次牢记自己要保家卫国，为受苦受难的同胞们报仇的誓言。曾经沸腾的热血并没有冷却，反而被进步活动的盛行越烧越旺。母亲在参加活动的过程中，开始接触马列主义，开始对共产主义、社会主义有了一个初步了解。

参　　军

在中国共产党的坚强领导下，中国人民赢得了最终胜利，本应富饶安定的大地回归了和平。母亲在学校里听到、看到这些消息，内心万分激动。这是她从出生到现在，感到最扬眉吐气的一次。全国各地相继解放，西安也不例外。

1949 年 5 月 21 日上午，解放军举行了隆重的入城仪式。全体指战员在西安南门外集合，组成三路纵队，迈着整齐的步伐，高唱《三大纪律八项注意》，雄赳赳气昂昂地进入城区。几十万人民群众敲锣打鼓，载歌载舞，热烈迎接人民子弟兵，全城一片欢腾，迎来了这座千年古都的解放，而坐落在古城墙角的西北大学，也由解放军接管。

已经大学毕业的母亲每天都在思考自己将来的出路。她成绩优异，完全可以留在西安，找到一份稳定而体面的工作。但是，14 岁时就想入伍当兵的梦想怎么办呢？她陷入了艰难的抉择。

一天，母亲听说解放军的大首长贺龙司令员来到西北大学给全校师生作报告，她立即跑到学校大礼堂。里面早已经人山人海，贺龙讲话声音洪亮，他幽默地讲述了自己如何从一个国民党军官一步步走向共产党，为人民翻身谋解放的故事。最后他说，新疆需要大学生参军去支援边疆建设，有意向为国家、为人民服务的同学可以去参军。台下顿时议论声一片，大家都在讨论这个问题。母亲的心也沸腾起来，深受鼓舞。一直在寻找三舅、寻找人民军队的母亲，感觉坚定执着追寻的理想就在自己眼前，她要抓住机会，她要去参军。她当即报名参了军。接着西北大学办了一期进疆前培训班，组织他们学习马列主义和毛泽东的著作。通过学习，母亲认定了要跟着共产党走到底，这就是前途。

在那个交通并不发达的年代，出行是件很费时、费力的事情。母亲回忆起当年进疆途中的故事,更多的还是“开步走”,路途之辛苦，至今提起仍历历在目。1950 年 2 月，母亲和同行的一百多人的队伍一起出发了，踏上了西行的征程。他们高唱着《解放军进行曲》，兴高采烈地奔赴祖国的西部边疆，投身到祖国边疆轰轰烈烈的建设中。

西安到新疆的路并不好走。支援西部的队伍先乘火车到兰州，下了火车，一行人就开始步行，偶尔幸运遇到了同行的卡车，有家属带小孩的就可以坐上车先行一段。就这样走走停停，他们用了近一个月时间才到乌鲁木齐。路途中既辛苦也充满了快乐。

就这样，母亲到了新疆乌鲁木齐，被分配到了新疆军区八一子弟学校，成为一名穿军装的教师，还当上了学校的教务处副主任。

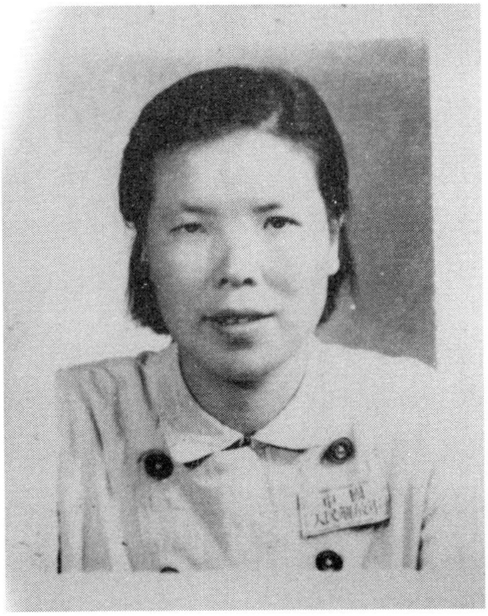

母亲的参军照

入　党

八一子弟学校设在乌鲁木齐市郊的红山嘴，有二十多位老师，两百多个学生。一个周末的傍晚，新疆军区的司令员王震，身着旧卡其军装，笑容满面地走进了学校。老师们立即朝他围了过去："这就是赫赫有名的王震司令员啊？"母亲很激动，李平校长把她介绍给王震司令员时，她有些羞涩。王震亲切地问母亲是哪里人，得知母亲是山东人时，王震说，那可不近。他又笑着告诉母亲："你们的校长李平是我的湖南老乡，这个学校里还有四位来自四川的老师，两位来自上海的老师，两位来自山东的老师，还有来自河北、云南、江西的老师，大家可谓是来自五湖四海啊！但你们可不能搞小圈子，要搞大团结。"母亲没想到王司令员竟然对老师的情况了解得这么清楚，如此平易近人，不禁也笑了。

那时，王震司令员常常在周末的傍晚来学校，因为他的三个儿子在这里读书，他爱人王季青也在附近的俄文学校当校长，他们家就住在八一子弟学校旁边。

一次，王司令员问母亲："你们学什么教育课程？"母亲说："在学苏联马卡连柯的教育学。"他说："外国的东西可以学，但不要迷信外国的，我们中国的儿童有自己的特点。比如我们子弟学校的娃娃在战争的环境中长大，他们勇敢好动，没有养成自觉学习的习惯，你们要严格要求，大胆管理。要不断总结自己的教学经验教训，了解娃娃们的思想，引导他们更好地学习。我支持你们学习，现在一面工作，一面学习，工作几年后，还可分批轮流脱产去学习提高，一定能够办好我们自己的学校。”当他了解到学校还有 8 名大学毕业的老师没有成家，严肃地对李校长说：“李平同志，八一子弟学校可不是尼姑庵哟，这些女孩子都是二十几的姑娘了，你这个当校长的可不能只顾工作，不关心教师的个人问题啊！”这番话，像清泉一样温暖着母亲的心。王司令员无微不至地关心她们的学习、工作和生活，母亲深受教育和鼓舞，倍感党的温暖。

几年来的艰难求学经历，母亲练就了极为坚强的意志，她也从一个彷徨无助的学生成长为内心独立坚定的人。她决心更加勤奋努力地学习和工作，积极向党组织写入党申请报告，向党组织靠拢，把自己的青春和热血投入所热爱的教学中，为边疆的教育事业贡献自己的一分力量，以优异的成绩报答党组织对自己的教育和培养。

1952 年 6 月 27 日，母亲在新疆军区八一子弟学校校长李平、总务主任杜同志（老红军）的介绍下，光荣地加入了中国共产党。母亲回忆说，在宣誓的第一天晚上，她失眠了，因为她终于得到了党组织的认可。同时欣慰地想着，找到三舅后，她可以自豪地对他说，我也是一名共产党员。在入党宣誓前，李平校长对母亲说：“小龚啊，入党后就要听党的话，跟党走。”母亲坚定地回答：“只要能够成为共产党员，就算活一天，我也是最开心的。”从此，她把自己的一切都交给了党，全心全意为人民服务，为共产主义事业奋斗终生。

革命伴侣

父母亲能走到一起，一是要感谢王震司令员，二是要感谢李平校长。母亲回忆说：“记得第一次见面是 1952 年夏天，在校长李平的办公室里。李校长也是红军，担任过延安的老区区长。校长要我向甘部长汇报班上后勤部子弟们的表现。那是我对首长最有礼貌的一次。进门敬礼，讲完后出门也没忘记敬礼。晚上校长问我‘甘部长怎么样？’我很奇怪地问，‘什么怎么样？’‘甘部长这个人怎么样？’‘人？我没看。我只顾讲班上学生的情况。现在再碰见他，我也认不出他。’”后来，校长亲切地说：“小龚，你才 29 岁，还很年轻，单身一人带着两个孩子不容易，你得考虑再婚啊！甘祖昌是个思想意识很纯洁的老同志，他先后参加过井冈山斗争、五次反‘围剿’、长征、抗日战争和解放战争。为了党和国家的事业，他多次负伤，出生入死，一直在部队做后勤工作，是闻名全军的铁脚板和铁算盘。他这个后勤部长，不知为我党我军的建设，付出了多少心血。他是咱们新中国的功臣。最难能可贵的是，他为人实在低调，虽然是部队的大干部，却一直不改农民艰苦朴素的生活作风。他有过不幸的婚姻。这点你们有相似的遭遇。我相信你们的思想感情会融洽的。我受王震司令员的嘱托，为你们俩牵线搭桥，你能认真考虑下吗？”

母亲略微思索了一下说：“他是个大首长，这点不合适。我见了首长就不会讲话，受拘束。”

李校长说：“首长有什么不好？老同志封建思想少。”

“他见了我有什么看法呢？”母亲问。

“他说你不错，健康、大方、有礼貌。就是太年轻了。我对他说你虽然年轻,却是个忠厚老实的好同志,我看你们能合得来。”这一夜，母亲脑子里像开了锅的水似的，翻来覆去不能入睡。不结婚吧，自己离了婚，但能单身一辈子吗？结婚吧也难，已有两个孩子，别人能爱自己的孩子吗？还能有个和睦的家庭吗？母亲不敢相信世界上能有一个爱她也爱孩子的男人，更不敢相信自己能有个美满幸福的家。她左思右想拿不定主意。于是她把这事写信告诉了外婆,不久收到了回信，外婆在信中以她自己的亲身体会劝母亲，年龄悬殊，身体又不好，将来吃苦的是自己。

转眼放寒假了。老师们成群结队外出家访，八一子弟学校的学生都是部队干部的孩子。先到司令部，学校有个副校长住在司令部。她严肃认真地对母亲说：“小龚，你和甘部长的事，考虑好了吗？你要认真考虑，主要的问题是他年纪大，身体又不好，你年轻，身体健康，这样不太协调。我看到不少这种情况，当时双方同意，过了一两年女的不干了，提出离婚。甘部长是个对革命有贡献的老同志，你要考虑好。不能再刺激他，使他再次受痛苦……”母亲一听这话有些激动，说：“身体好坏、年龄大小有什么关系？关心爱护老同志是一个党员干部起码应有的思想品质。这一点我保证能做到。”她听了母亲的话很高兴地说：“我相信你能说到做到。我现在就打电话给甘部长，要他给你们准备饭，饭后你们俩单独谈谈。”他们十多个老师一块到后勤部家访。父亲和他们一道用餐，碗很小，不像他们在学校用盆吃饭。父亲只吃一小碗，母亲却要吃三四碗。饭后老师们返校了，只留下母亲一个人谈话。这一次母亲总算看清父亲的样子了。一米七多的个子，因为瘦显得高，方脸，满脸严肃，眼睛不大却很锐利，身板笔挺,标准的军人姿态。父亲带着母亲四处转了转,卧室有 10 多平方米：一张床，床上放着一个枕头和一床花布被子；一张办公桌，桌子上有个暖水瓶和几个茶杯；两把椅子，和老师的寝室布置得差不多。父亲给母亲倒了一杯茶，自己从烟盒里抓了一撮烟丝放进小烟斗里，点着吸了一口，微笑着对母亲说："你姓龚？"母亲点点头。

"这个龚字我都写不拢。我的文化水平很低，只念了一年半私塾。现在大约只有初小文化程度。李校长告诉过你吗？"母亲点点头。听说他是个工作能力很强的老部长，为什么如此谦虚呢？母亲心里想。

"我今年 48 岁，校长告诉过你吧？"好家伙，如此坦率干脆，开门见山。"我不嫌你大。"母亲说，又点几下头。父亲抽了一口烟，接着说："我的身体不好，有脑震荡后遗症，还有气管炎，肺气肿，你知道吗？"母亲点头不语，只觉得脸上火辣辣的，低着头小声说："这不要紧，我会照顾你，慢慢会恢复健康的。"停了一会儿，父亲继续说："还有件事要讲清楚，我家儿子、媳妇、孙子、侄子、侄女，加上你一共九口人。这九口之家要精打细算，勤俭节约。不能吃了今天，不顾明天。我们是劳动人民，不但要想明天，还要存下点钱支援国家建设。"这几句话有点刺伤母亲的自尊心。母亲月薪 160 多元，完全有能力供养自己的孩子，不需要依靠父亲供养，可是想到父亲说的是全家，没理由反驳，母亲只好默认了。父亲看了母亲一眼，接着说："我的学习嘛，也是乱弹琴，闲下来就学一点儿，忙起来就丢了。我们的思想要坚定地信仰马列主义、毛泽东思想，这是我们工作生活的指南，离开了它就行不通……你有意见吗？"母亲摇摇头。沉默了一会儿，他又说："已经 9 点了，时间不早，就谈这些。我叫司机把你送回去。"说完他就去找司机，亲自把母亲送到大门口并挥手道别。回到学校，老师们围着母亲问："都谈了些什么？能公开吗？"母亲大声说："当然能，谈了些马列主义、毛泽东思想。"老师们大笑说："老干部不会谈恋爱，只会谈马列主义。"这一次坦诚的谈话，震撼了母亲的灵魂，她认定了这个男人值得自己托付终身，母亲决心照顾他一辈子。

父母亲的婚礼是在一间小会议室举行的，一共两桌人，一大半是子弟学校的老师，在婚礼仪式上，母亲表示永远向父亲学习！父亲兴致勃勃地说："感谢同志们的关心，使我们幸福结合，愿天下有情人都成眷属。"大家都没想到父亲会说出这么一句富有诗意的话。老红军除了打仗工作以外，也还懂得爱情呢。

父母亲的结婚照

度　蜜　月

就这样，父母亲开始了新的生活。父亲总是忙得不可开交。即便是周末，也常开会到半夜。一天母亲病了，头晕，上吐下泻。父亲把医生请来给母亲看病，医生诊断是感冒引起的肠胃炎。父亲便对孩子们说：“妈妈病了，你们不要吵她，到外面去玩吧。”他又给母亲倒水服药后，关了门出去了。母亲睡了一个上午，觉得好些就起床了，吃过午饭她打算回学校。父亲对母亲说：“你刚好点就要走，再休息半天，明早回去行吗？”母亲说：“不行。晚饭后要学习，我是组长，不回去不行。”第二天早饭后大扫除，母亲正在扫操场，有人跑来叫母亲说：“甘部长来了，快去！”“他来干什么？”母亲心里纳闷。正想着，父亲就到了母亲面前，母亲问父亲：“有什么事？”父亲说：“没事，昨天你不是病了吗？不知你好了没有，今天办事路过这，进来看看，你好了我就放心了。”母亲要父亲到屋里坐坐，父亲说没时间又匆匆走了。母亲望着父亲的背影，心里想：“他并没有官架子，过去我不了解他。”

父亲有脑震荡后遗症，工作一劳累就会旧病复发。一天晚上，父亲工作到深夜，刚想起身离开办公室，顿时感觉天旋地转，耳鸣目眩，昏倒在地。警卫员闻声赶来，赶紧扶起父亲并打电话给军区医院。救护车把父亲送到了医院，紧急抢救。母亲赶到医院时他仍昏迷不醒，输氧、打吊瓶，医生说父亲需要紧急输血。母亲说：“我是 O 型血，抽我的血吧。”母亲当即给父亲输了 200 毫升血。经过一天一夜抢救，父亲才脱离危险。医生对母亲说：“甘部长的病一旦发作就非常严重，平时得好好休息调理。”母亲听了心里多了几分担忧：他哪里是懂得休息和调理的人，工作起来简直就是拼命！

王恩茂司令员来到病房看望父亲时说：“祖昌啊，你真是拼命三郎，工作起来什么都忘了，我们都年纪不小了，你身上还有多种疾病。毛主席说得好哇，身体是革命的本钱，你以后的任务就是把身体养好，以便更好地工作。”父亲说：“我这病一阵过去就好了。”

7 月的一个周末，司机老赵来接母亲说：“甘部长不在后勤部了。”“到哪儿去了呢？”母亲着急地问。“前几天他突然又昏倒了，我们赶快送他到医院检查，医生说是脑震荡后遗症复发，工作一紧张，休息不好，就又发作了。现在他已搬到牛奶厂住了。甘部长说如果你同意，就叫我送你到牛奶厂去。”

“他又病了，你们为什么不告诉我呢？”母亲生气地问。

“我们也说给你打电话，甘部长不准许，他说不能耽误你的工作。”司机解释说。“好吧！咱们赶快走吧！”

牛奶厂离乌鲁木齐市 50 多公里，一路上母亲想，我们才结婚三个月就病倒两次了，看来照顾他的生活，让他健康长寿是项十分艰巨的任务。父亲本来一米七几的个子，只有 50 公斤，已经骨瘦如柴了。这一病不知会变成什么样子。

汽车飞驰，不觉已开进一个大院子里。母亲刚下车，一个女工叫起来了：“甘部长，您看谁来了？”父亲放下手中的活，看见母亲提着简单的行李走来，赶紧迎了过去：“你来了！”一边关心地说，一边接行李。“我特意赶来了，学生放暑假了，我来这里和你补个蜜月吧。”母亲说。父亲憨厚地笑了。

院子里树木茂密，鸟儿叽叽喳喳地叫。母亲关心地说：“你不是又病了吗？怎么又在劳动？”父亲笑笑说：“这叫什么病！过一阵子就好了，组织上关心，叫我在这休息一段时间，你看这地方好吗？”“这

地方真不错，空气清新，安静，真是个疗养的好地方！”父亲带母亲进了房间，母亲扫视了一眼屋里的摆设，一张木板床，一把椅子，一张桌子上面摆着几本马列、毛主席著作，还有一盒墨水和一支钢笔，除此之外，别无他物。然而，她对牛奶厂宿舍的简陋条件根本不在意。母亲说：“没关系，有你就够了。”

就这样，父母亲在牛奶厂度过了一段愉快而简单的蜜月时光。父亲虽然是以休养的名义来的，却每天带着母亲和牛奶厂的女工们一起劳动，挤奶、清理牛栏等。女工们说：“甘部长哪是来休养和度蜜月的，分明是来当工人的！”劳动之余，他们就一起看书，读毛主席的著作。父亲只读过一年半私塾，碰到不认识的字，母亲就教他读音、意思、用法。母亲当了父亲的老师。父亲学习很认真，逐句逐字地看，还不时做笔记。母亲文化程度高，看书快，三天就把《毛泽东选集》第一辑读完了，父亲问母亲有什么看法，母亲一时答不上来。“你以为革命像吃饭一样容易吗？你看的《井冈山的斗争》，就是记录了我们红军成功的经验和失败的教训。”父亲语重心长地说。

“哦，原来《毛泽东选集》这么深奥啊！”母亲听了深受触动，立即又把《毛泽东选集》第一辑重读了一遍，遇到不明白的地方，就让父亲这个老红军讲讲当时的亲身经历。父亲也做了母亲的老师。就这样，他们共同学习、共同进步，度过了一段有意义又甜蜜的时光。

买　　表

父母亲婚后的生活平淡而又简单。母亲对父亲提出的唯一要求就是不要调动她的工作，因为她喜欢教师这个职业。而当老师需要有块手表掌握时间，她曾托人去上海买，没有买到合适的。父亲不声不响送给母亲一块小巧精致的女式罗马手表，母亲很激动地说："这么好的手表，一定很贵，我是个粗心大意的人，万一丢了可赔不起啊！""不用赔，但丢了，我就不再买了。"父亲说话永远是这么直率。这块表成了母亲的宝贝，它陪伴了母亲 33 年，直到父亲去世那年，这块表才完成了它的使命，不再走动了，仿佛这块表也要随父亲一起离去。

1953 年，父母结婚不久，学校有个和母亲关系很好的老师找到她，希望她帮忙买块手表，说是以新疆军区机关人员的身份到军人服务社买手表，能减免十多块钱的税款。母亲不好推辞，就以父亲警卫员的名义来到军人服务社买表。服务社经理说，有优惠的手表控制得很严，只有甘部长批了条子才能买。母亲只好找到父亲说明缘由并请他帮忙写个条子，父亲很不高兴地说："真奇怪，买得起表，交不起税金，这算什么老师！一点国家观念也没有！全珍，这是个原则问题，我不会写这个条子，以后你也不要管这种事。"母亲听了面红耳赤。第二天，她把结果告诉这个老师，这个老师话中带话地说："连夫人的面子都不给，甘部长这么廉洁，真是六亲不认呀。"就为这事，母亲一连几天心里都不痛快，后来仔细一想，也就慢慢理解了，她觉得父亲作为一个后勤部长，如果不以身作则，随便拿人情做交易，就难以服众。通过这次经历，母亲更清楚地看到了父亲的为人，知道他是一个讲原则的老党员、好干部。从此，母亲不仅没有再找他办过任何违背原则的事，而且紧紧跟随父亲，成为他人生理念的坚定支持者和忠实践行者。

1954 年冬天，姐姐平荣出生了。那时父亲正在江西庐山疗养，1955 年春回疆时，姐姐已经 4 个多月了。姐姐小时候爱哭，母亲的房间在办公室旁边，晚上她备课改作业，姐姐就不停地哭。老师们开玩笑说 ：“你女儿又在练嗓子了。”父亲回疆后搬到军区医院住。老校长叮嘱母亲 ：“甘部长几十年没见过孩子，你可千万不能让孩子当他的面哭。他听了会难过，你要抱抱她，哄哄她……”母亲抱着姐姐回家时，看到父亲躺在床上休息，面色苍白，瘦骨嶙峋，看来疗养的效果并不理想。母亲怕姐姐哭闹吵着父亲，便轻轻走进房间，但父亲还是醒了，看过孩子，很高兴地说 ：“长得不错，胖胖的，惹人爱。”母亲赶快说 ：“别看她现在挺乖，见人就笑，到了晚上就哭闹，一哭就是几个小时，你嫌麻烦吗？”父亲笑笑说 ：“孩子哪有不哭的！要哭就哭吧！不要紧！”那天晚上真不错，姐姐没哭多久就睡了。医院的环境很好，一日三餐有人送饭，饭菜美味可口，营养丰富，医生也常来给父亲检查身体，于是母亲很放心地回学校了。

回乡的决定

由于伤病一直困扰着父亲，1954 年夏天，军区安排父亲去内地检查身体并让他到庐山休养。其间，他回老家探亲，看到家乡解放几年了，乡亲们的生活依然很苦，种田人连饭都吃不饱，靠吃国家的回供粮，这让父亲感到很难过。想起过去与战友刘春元的诺言：“等革命胜利了，我们一定要把家乡建设好，让乡亲们过上好日子。”父亲遂萌生了回乡务农的想法。回到新疆后，父亲还是不能正常工作，只好在军区医院继续住院治疗。其间，他不顾医生的劝阻，经常出来与院里的工人一道劳动，认为自己种庄稼比较在行。于是他连续三年向组织写报告：“我自 1952 年春车祸后患脑震荡后遗症，时常晕眩，不适合做领导工作，但我的手脚还健全，可以劳动，请组织上批准我回江西老家当农民，为建设社会主义新农村贡献力量。”1957 年，解放军原总政治部主任肖华到新疆检查工作，专程去医院看望父亲。父亲抓住肖伯伯去看望他的机会，当面向他表明自己的决心：“肖主任，您既是我的领导，又是江西老乡，请您帮个忙，我都向军区党委写了三份报告，我要求回江西老家去当农民。可军区党委总担心我的身体吃不消，没有同意。其实我清楚，我这个病，不能做动脑筋的事，但我的手脚没问题，我可以回去参加农业劳动。这对于我的病的康复可能还有好处。请您跟军区党委说一声，批准我回去吧！”两人一席话下来，肖伯伯见父亲态度坚决，于是建议新疆军区党委开会，会议研究批准了父亲的请求。

1957 年 1 月，母亲生下了第二个女儿，也就是我。父亲给我起名叫仁荣。母亲问父亲："又是个女孩子，你喜欢吗？""男女都一样，都喜欢。"父亲说。我小时候很乖，吃饱了就睡，很少啼哭，半岁了邻居都不知道母亲又生了我。母亲计划着暑假回山东去看望外婆，转眼已离家 15 年了。6 月的一个周末，母亲把这个想法告诉了父亲。父亲说："好嘛，不过今年夏天我们准备回江西老家了，你要到军区干部管理处提前办好回江西的手续。"

母亲惊呆了，足足沉思了 10 分钟。她默默无言，翻来覆去考虑父亲的话，顺手在桌上翻开父亲的日记本，里面夹了 3 份请求辞职回乡务农的申请报告，从 1955 年到 1957 年，每年一份，母亲捧着 3 份报告，像捧着一颗滚烫的心。

他们已结婚 4 年多，父亲从没讲过回江西农村的事，原来父亲担心母亲不同意，所以在没有批准之前，他没敢告诉母亲。母亲只觉得在军区医院疗养的父亲总是闷闷不乐的，说在这里像坐牢，说去外面和院里种菜的老汉一起劳动都不行。虽然父亲总说他的身体没什么要紧，但是曾经为他治疗的专家说让他好好疗养，让他争取活到 60 岁。想到这，母亲又犹豫了，她觉得自己并不了解父亲，去农村她不怕吃苦，她更担心的是父亲的身体。可是真要离开新疆，母亲也有诸多不舍：她舍不得新疆，舍不得八一子弟学校的领导、老师和孩子们，更舍不得努力奋斗并奉献了青春的教育事业。

母亲理解父亲要回老家务农的苦心，因为他的头部受过三次重伤，他一次次从生死线上走了回来，留下了严重的脑震荡后遗症，确实是感到自己不能胜任繁重的领导工作，希望回老家去，用健康的手和脚带领乡亲们改变家乡的贫穷落后面貌。

母亲还是很担心：他的哮喘、脑震荡后遗症、晕眩这些病到了农村能好吗？既然他说能好，就试试看吧。尽管乡下条件艰苦，尽管在老家人生地不熟，尽管孩子们的前途可能会因此受到影响，尽管自己的工作、前途样样都没有着落，既然自己当初以身相许，不论天涯海角，都应该跟他去，他到哪儿我到哪儿，以后的工作和前途靠自己去闯。母亲只想好好照顾父亲，于是，她不听好友、同事的友好劝告，毅然决然地办理了离职手续，和父亲一起回乡务农。

离　　别

就这样，母亲在办好了离开新疆的所有手续后，开始收拾行李。父亲又发布了一道命令："棉被、棉衣、棉裤只带里面布，不带棉花。新疆到莲花路途遥远，国家没有这么多差旅费，路费比买新棉花还贵。"说完他仔细检查了箱子和麻袋，检查完才捆好。全家大小 11 口人，只带了 3 只箱子和 3 个麻袋。此外，父亲买的 6 头约克猪崽、15 对安哥拉长毛兔、15 只来亨鸡却装了 8 只笼子，父亲说他要把新疆这些优良品种带回老家去，带领乡亲们发展养殖业。

新疆军区的领导、同事、战友和子弟学校的校长、老师都来送行，一个个千叮咛万嘱咐，有说不完的话、表不尽的情，手紧紧握着不放，眼泪簌簌而下。当时的卫生部部长唐国华和我们一起坐在小车上，把我们送到了兰州。到了兰州换坐火车，唐部长握着父亲的手说："老甘呀，你这个人劳动观念太强，回乡后要注意保重身体，不要过度劳累。争取活到 60 岁！"他还叮嘱母亲监督父亲，不要让他过分劳累，每天劳动不要超过 4 小时，"你肩上的担子很重啊！"母亲听到这话一顿心酸，这是熟悉父亲病情得出的结论。母亲含泪作别。

父亲因身体不好，让警卫员买了 1 张硬卧票，又买了 5 张硬座票和 3 张儿童票，路途遥远，辛苦可想而知。不是父亲买不起全家的卧铺票，他身上带着两万多元存款，他要把这些钱带回老家，支援家乡建设。上车后，父亲睡在硬卧铺上，母亲抱着 8 个月大的我，大嫂抱着她的小女儿，几个大人坐在硬座上，累了就在座位上打个盹。夜晚，母亲透过车窗玻璃，看到广袤无垠的天空星光闪烁，那星星就像白玉石一样。母亲百感交集，新疆就是自己的第二故乡，那里的一草一木、一山一水是那样的亲切与熟悉。"再见了，新疆，再见了，我深爱的八一子弟学校，再见了，八一子弟学校的战友、孩子们！”母亲内心默默地念道，顿时热泪盈眶。刚进入新疆时的情景一幕幕扑面而来，历历在目……

母亲离开新疆时与师生们合影

火车自西向东行驶，到了郑州我们便换车向南行驶；到了没火车的地方，我们又坐上卡车。停停走走用了近一个月的时间，历经千辛万苦，我们总算回到了江西省莲花县坊楼。坊楼是公社所在地，离家还有 5 里路，那时县里还没有班车，3 个叔叔已经推着独轮车来接了。行李上了独轮小车，人就步行，要翻过两座小山。小山上两边都是木梓树，那时已经结了核桃大的茶子。哥哥问："这些是什么树？能吃吗？"父亲开玩笑说："是苹果，尝尝吧！只准尝一个，可甜哪！"两个哥哥争着摘下一个就咬。啊！又涩又苦，吐都吐不及。父亲大声笑着说："傻瓜，这是油茶树，土话叫木梓，是榨油的，不能吃。但榨出的油可香哪！"

村里来了个“外国人”

沿背村是个不小的村庄，有100多户，以种水稻为主，村里祖祖辈辈都是农民，还没有摆脱贫穷落后的面貌。父亲举家回乡，无疑给这个宁静又贫瘠的小山村带来了一股希望。

一踏上家乡的土地，父亲就像鱼游回大海，心里有说不出的高兴，浑身有使不完的劲，病痛好像就好了一大半。“甘将军回来啦！”“他老婆是个大学生！”“他们一家都回来啦！”“听说甘将军回来当农民呀！”在父亲刚回到家的那天下午，村民们奔走相告，纷纷拥进了父亲和叔叔共住的房子里。大家热情地围着父亲，父亲笑容满面，亲切地和乡亲们有说有笑。可是，乡亲们具体在跟父亲说什么，家里人跟她打招呼、说话，母亲一句也听不懂，沿背村的方言，对母亲来说简直是一门她完全不懂的“外语”，她仿佛成了个“外国人”，只是盲目地点头、微笑。

母亲带着孩子们来到这人生地不熟的老家，一切都得从头开始，农村和城市的差别实在太大了，要尽快适应这里的环境，这是母亲眼下要做的。

重返教学岗位

回到家乡后，父亲就开始谋划家乡建设。几天后，他把全家人召集在虎形岭说：“我们村人多地少，我们把这座矮山开垦出来，种上瓜果蔬菜多好啊！”叔叔说：“大哥，这是死黄泥，种不出东西来，不要白费力气。”父亲说：“那是你们开荒的方法不对，当年我们在南泥湾开荒种地，那里的土质还没有我们这里好，我们都种出了绿油油的庄稼。”父亲用南泥湾开荒的办法为开垦虎形岭做示范。

母亲想，父亲当农民，自己也应该当农民。可是事情远没有她想象中那么简单。北方的农村与南方的农村大不相同，北方是平原，而我们家乡是山区丘陵地带,不打赤脚干不了农活。母亲不会干农活，想尝试跟着父亲去开荒造田，母亲脱了鞋子就不会走路，她从小在城市长大，没有见过光脚走路的。开荒挖地是力气活，父亲一镢头下去一尺多深，母亲用尽力气一镢头下去最多一寸深。虽然母亲坚持挖了三四天的地，手脚都磨出了血泡，也才挖了块巴掌大的地方。母亲觉得自己要是当农民恐怕连自己都养不活。母亲是个独立生活能力很强的人，她不愿让别人来养活她，更不愿意给生产队添麻烦。那时参加集体劳动是要记工分的，给她工分多了老百姓就要吃亏，给少了她又抹不开面子。左思右想，她还是决定要靠大学文凭去干老本行——当老师。

于是母亲和父亲商量说：“我当农民不合格，在村里当扫盲老师连话都听不懂，也没法当，我还是想到县文教局去问问人家需不需要老师，如果需要的话，我还是去干教书老本行吧。这样才能发挥自己的长处。”“好嘛，想去你就去嘛！”父亲说。

第二天一早，吃过早饭后，母亲把姐姐和我托付给二婶照看，她背着铺盖卷，独自步行40多里路，去了县文教局。她找到局长毛遂自荐:“我是西北大学教育系毕业的,这是我的大学毕业证、工作证，我教过七八年书,请问你们需不需要老师？”局长看过文凭高兴地说：“好哇，我们正好刚刚新办了一所农村中学，缺老师，但条件很差。”母亲说只要能教书，去哪都行。于是，母亲被分配到了九都中学（现在的坊楼中学）当了一名农村中学教员。

"财政部长"

父亲回乡务农是带工资的农民，月薪330多元，母亲在学校教书月薪80.5元，她除了每月给外婆贴补20元生活费，10元留在学校交伙食费，余下的钱都交给父亲统一支配。在我们家，父亲是"财政部长"。她需要用钱的时候，就问父亲要，但父亲开支时从不需要告诉任何人。

其实，父亲一直很尊重母亲，开始每个月都会把他的工资拿出来，放到书桌上交给母亲。可是母亲连看都不看一眼，一直放着。她说她和父亲结婚并非为了钱，何况她自己当老师在新疆月薪160多元，在农村月薪也有80.5元，这在当时工资算高的。她内心明白，父亲的工资是用来支援农业建设，为群众服务的，作为他的妻子应该支持他。自己的工资也不算少，负责家用还有富余。母亲生活很俭朴，从不乱花一分钱，她年轻时有胃病，晚上工作到九十点钟胃就不舒服，如果能吃点零食就会好些，可是，她硬是撑着甚至不舍得买一块饼干，慢慢地就习以为常了。几十年来，她用在自

父母亲20世纪70年代合影

己身上的钱很少很少。父亲看到工资放在桌上一直没动，就拿走了。

后来，我们都长大了，需要买点什么管母亲要钱，她说没钱，要我们找父亲，我们都不敢。我们家是个大家庭，亲戚也多，母亲不懂农村的风俗，心地特别善良，加上父亲要支援家乡建设，需要各种各样的开销，她索性把钱全部交给父亲处理，自己也乐得轻松自在。

经初步计算，从 1957 年到 1980 年，父亲工资收入加上他在部队的存款，我们养猪、种地、干农活挣的钱，共计 10 多万元，其中用于支援家乡建设有据可查的有 8 万余元，占总收入的 70% 以上。还有用在扶贫救困上的钱有年份可查的就有 390 多元，占年总收入的 10% 左右。这些钱都是父亲和母亲一点一滴“抠”出来的。

父母亲回乡 29 年，吃的都是自己种的瓜果蔬菜，我们穿的衣物甚至还不如村里其他孩子。父母亲的生活标准是不受冻挨饿就行。他们回到老家，各自忙工作，那时我们兄弟姐妹都还小，二叔二婶负责照顾全家人的生活，父亲每月给二叔 30 元的生活费，二叔是个勤俭持家的人，每月余下的一分一毫都交还父亲，而他们却从没问父亲要过一分钱工资。母亲一直念叨亏欠了他们。

父亲甘祖昌（左）与二叔甘森昌（右）合影

勇敢面对

我们家虽然生活在偏僻的山区农村，但是在“文化大革命”中，母亲也没能幸免，同样受到了冲击。

母亲是个农村小学校长，原本就不是什么当权派。1967 年 7 月，母亲在县里参加教师集中学习时,突然出现了打倒她的大幅标语，“打倒走资派龚全珍”“打倒特务嫌疑龚全珍”，好像母亲是县里最大的当权派，大字报铺天盖地，母亲顿时觉得自己好像跌入了万丈深渊。母亲之前在县里参加过批斗县领导的大会，思想上仿佛又轻松了一些，感觉他们的职位比自己高，吃的苦比自己多，不是也罚站、挂黑牌挨批斗吗？批斗就批斗吧！后来，批斗越来越严重，罚站不算还要罚跪，搞“喷气式”。母亲想不通了，我犯了什么罪？我把学校当成自己的家，把学生当成自己的孩子，全身心地扑在工作上。执行的这个路线又不是我创造发明的，我能负什么责？“宁愿站着死，不愿跪着生”，这几句话一次次在母亲头脑中出现，它是那样顽固。学校有两位老师承受不了巨大的心理压力，竟然自杀了。一时间受批斗的老师们心里像压了大石头，喘不过气来。母亲也想不通了，与其这样受虐待，还不如死了痛快。

她想回家向父亲交代后事。一进门，看到父亲坐在火炉边抽烟烤火，眼睛盯着母亲看。“这么晚了，回来有事？”母亲悲伤地说：“有事，我就是特意回来告诉你，明天我要到杉子山挨批斗！”

父亲感到有点意外：“噢——那带上云南白药去，挨了打就吃。”

杉子山是坊楼中学所在地，母亲曾在这里工作过三年。“文革”

期间，这里成了造反派关押异己分子和打人的场所。

母亲说：“打，我不怕，打伤了我不在乎，听说还要下跪，搞‘喷气式’，我受不了这个。这样活下去有什么意思？所以我今天特意回来是为了告诉你，孩子们还小，以后就全靠你了……”母亲哽咽了，说不下去，泪流满面。父亲站起身替母亲擦去泪水，轻声说：“有话慢慢说，不要急，不管碰到多大的磨难都要挺住，千万不能死，人死了有理也说不清了。还有孩子们不能没有娘，我也不能没有你呀。”父亲深深地叹了一口气，接着说，“唉，这么大的运动，难免有搞过火的时候，运动过后自有甄别，假的真不了，什么问题都能搞清楚的。”父亲继续说道，“下跪有什么了不起，你没见过庙里的和尚尼姑，天天跪着念经也没死。我们小时候过年还要给父母磕头，给群众下跪，又不是给敌人下跪。我看算不上什么奇耻大辱，用不着为这事寻死，你说呢？再说也不是你一个人跪。中央的一些领导不也罚跪？”父亲说得那么轻松，把母亲心上的一块大石头给搬掉了。不知不觉，母亲竟被父亲的话逗笑了。这一夜，父亲讲到了半夜，讲了延安整风，讲了“三反”“五反”的一些人和事，讲得母亲看到了光明，看见了前进的道路。

最后的陪伴

1975 年，父亲的老毛病——气管炎、肺气肿越来越严重了，夜里常常咳得不能睡觉，白天还经常下地劳动。组织上考虑父亲的身体状况，决定让母亲提前回家，照顾父亲。母亲不得不提前三年离开了自己的工作岗位……

从当老师到做“伙头”，母亲的人生道路上出现了一个转折点。用她自己的话说“改行了”，可让她感到气恼的是：这个“伙头”比当老师难多了。老话说：“清早开门七件事，柴米油盐酱醋茶。”要当好一个家还真不容易，全家人每天的吃喝，这副重担全部落在母亲身上。母亲才干了几天，便感到力不从心了。她在自己的日记里这样记述道：日子过得比上课还快，整天忙于搞三餐饭，有时还手忙脚乱，加上来几个客人，更是忙得不可开交。“伙头”这个名称确实有道理，没有火，再多的技术也做不好饭菜，偏偏这个火就欺负我，已经三次让我出丑了，我一定要想办法掌握它，不能让它再气我了……

母亲开始静下心来，仔细研究煮饭炒菜的学问，一深入下去，还真发现了行行出状元的道理，烹饪水平有了提高，煮的饭、炒的菜也就慢慢适合大家的口味了，从家人们的目光中，母亲意识到这个“伙头”的分量。

有一次，父亲夜里发病，咳得根本无法躺下，母亲一边给他揉胸拍背，一边着急地说：“我去打电话叫车，送你去医院！”“别打电话！咳咳，现在是深夜，别打扰别人！咳咳咳……”父亲生怕麻烦别人。直到天亮，父亲才允许母亲打电话叫来车子把他送到了莲花县人民医院。检查病情后，医生建议父亲去上海的大医院治疗。“不去，不去，我这是几十年的老毛病了，去上海干什么？”父亲推辞说。经过医院、县领导和母亲的反复劝说，他才勉强同意去上海治疗。

本来组织上要求父亲在上海住3个月，把病治好。结果他只住了35天，病情稍微稳定就出院回家了。出院前，有个非常著名的老中医挽留他：“甘老，您在这里安心住上3个月，我把您的气管炎治好，好不好？”父亲说：“谢谢您，我们全国只有一个上海，全国稀奇古怪的病都要来上海治，我的气管炎是慢性病，一时好不了，占着床位，那些急需治疗的人进不来，他们得多着急？我在这里睡不着觉，不如请您多给我开些药，我带回去吃，慢慢治。”

父亲的决定，母亲是理解的。在跟父亲生活的过程中，母亲耳濡目染，她的思想觉悟也在不知不觉中不断提高。母亲陪父亲回到家里，一如既往地悉心照料着他。父亲爱吃面食，母亲就常常为他包包子，或做饺子、馒头、面条。父亲喜欢看农田里的作物，母亲就陪着他在乡村小道上散步。看到虎形岭上的果树挂满了果子，父亲高兴，母亲也高兴。一直风风火火的母亲，为了陪伴父亲，脚步终于慢下来了。

父亲八十岁时父母亲的合影

父亲的脑震荡后遗症不治而愈了。父亲说要归功于他的劳动，劳动能治病，我们都深信不疑。当初，专家说让他争取活到60岁，那时父亲都80岁了，走路仍然笔挺，始终保持着军人的姿态，母亲感到很欣慰。

1985年10月30日下午，母亲给父亲洗脚，用手指在他脚上轻轻一按就出一个坑，父亲双脚浮肿，小便带血色。母亲慌了，焦急万分地说："我几次催你去医院看看，你老是说不要紧，这下拖成大病了，我打电话报告县委，要住院治疗。"父亲不以为然，说母亲大惊小怪。母亲只好说："不住院，总要去看看病吧。"父亲固执地说："不去！"母亲实在没办法，只好背着他打电话给县委，接电话的是县委副书记刘汉恩。母亲说父亲病了，又坚持不肯去看病，问他们能不能安排个医生来看一下。放下电话，刘汉恩和县医院的一个医师就驱车赶到家里，看到父亲一脸病容，瘫在藤椅上。刘汉恩问母亲："甘部长病成这样，为什么不早告诉县委？"母亲含着泪说："他不肯呀！他总说这点病没关系，不要麻烦大家，这次我还是背着他偷偷给你们打电话呢！"医生迅速给父亲做了检查，肺气肿并发肺源性心脏病，必须立即住院！父亲摆摆手："不去了，拿几片药在家吃就行！""这是病情需要，您必须住院！"医生着急了，母亲着急了，刘书记以组织名义提出要求，父亲才勉强同意。

母亲、医生、刘书记三人把父亲架上了车，到了县医院下车时，父亲好像麻木了，脚不听使唤。好不容易把他移到病房，母亲抱住父亲的腰，父亲身子往下沉，母亲叫道："祖昌，你不要往下缩，我抱不住了。"他似乎没有听见，身体前倾，头垂得很低，过了足足一分钟，他才喘出一口气来，身子也跟着直了起来。原来父亲刚才是被气憋得昏过去了。医院立刻组织了抢救小组，打吊瓶、输氧、打针、喂药……医生和护士都忙到半夜。第一阶段的抢救持续了一个多月，由母亲和我们在莲花工作的几个儿女日夜轮流看护。父亲每天都要输液、打针，手上血管找不到，就在脚上打，母亲看到心里很难过，要求改为吃药、

皮下注射，医生不同意，直到 12 月初才停止输液。

这段时间，省里和市里都派来了抢救小组，带来了一些药品，新疆军区也派来了医务人员，带着药品和器材，直到父亲病情好转才离开。父亲病危期间，母亲不得不给外地工作的子女和她的兄弟姐妹打电话，他们都先后来探望，看到父亲身体好转也都先后回去了。

按父亲的病情来看，他不能再回乡下住了，征得父亲的同意后，12 月中旬，我们把家搬到了县城。这时，父亲已经能够起床，在椅子上坐 2 个小时。有时，我们还可以扶着他在病房里走两圈。为了方便，母亲还给他准备了一根拐杖。不过医生不准他多活动，只能适可而止。

1986 年 1 月，父亲病情稳定，饭量也有增加，家人们都很高兴。父亲对母亲说：“我已经好了，买 20 斤肉，准备回家过年。”母亲说：“这里不比乡下，随时都买得到，买那么多肉干什么？”父亲知道母亲没听懂他的话，解释说：“我是说回沿背过年，还是回家好。”母亲自然不同意：“你的身体不比以前，你已经不能离开医生了，这次从家里来时还好好的，坐了 40 多里路的车就不能动了，抢救了一个多月，才捡回一条命。现在回去，万一出了事，我到哪里找医生抢救你呢？”经这么一说，父亲不说话了。

春节期间，新疆军区政治部崔副主任和秘书代表军区全体指战员来看望父亲，看到他住的病房环境，流下了眼泪，崔副主任紧紧握着父亲的手说：“甘部长，我进疆晚，没见过您，但您的事迹我们都熟悉。军区首长和全体指战员派我来看望您。看到您这样一位为革命出生入死的老同志，住在这样简陋的医院里，我心里很难过……”又说，“甘部长，病好了到南昌定居吧，我去和省委谈，这里的条件太差了，您苦了几十年，现在该享点清福了。”听了这话，父亲摇摇头，婉言谢绝：“房子我不要，请不必再为我操心，我在乡下住，很好。谢谢组织上对我的关心，谢谢你们这么老远来看我。我没有什么功劳，我原来就是个农民，党教育培养了我几十年，做点事是应该的，这是一个党员应尽的责任。假如有点成绩，应该归功于党和人民，没有共产党的领导，没有人民的支持，我能做什么呢？”

2月底，下了一场大雪，天气骤变。因为病房里有氧气瓶，所以不能生火。3月中旬天气变暖了，母亲琢磨着，再住一个月就可以出院了。冬天已经过去，大家充满信心。但万万没想到，半个月后，父亲的肺部又出现炎症，医生把特效药都用上了，仍然无济于事，只好又挂上吊瓶输液。3月23日，父亲病情恶化，在弥留之际，他嘴里仍断断续续地对母亲说：“领了工资，留下生活费，全部买农药化肥，支援农业生产……我不要房子，不要给我盖房子……”这是父亲留下的最后一句话。

3月25日，省里来的一位大夫说：“甘老，我来替您检查一下，您伸出舌头。”父亲勉强伸了一下，便失去了知觉。无论我们怎么推他都毫无反应，他的呼吸停止了，心脏也停止了跳动。医生赶紧上呼吸机和心电监护仪。压一下，他的身体就颤抖一下。母亲再也控制不住自己的泪水。过了不久，父亲的心脏又恢复跳动，血压也慢慢回升，只是肺失去了功能。医生说：“有心跳就有希望。”

一天、两天过去了，到了第三天，3月28日中午12点30分，情况突变，父亲的血压急剧下降，心脏停止了跳动。父亲离开了我们，安详地走了，享年82岁。他和母亲恩爱厮守了33年。父亲为中国革命事业奋斗了一生，走完了他人生的历程。

发 挥 余 热

父亲忠诚勇敢的军人本色，朴实无华的农民形象，清正严明的革命本色一直深深地影响并教育着我们。特别是我的母亲龚全珍，在父亲病故后不久，她强忍着内心的巨大悲痛，把儿女召集在一起对我们说：“你们的爸爸已经走了，他没有留下任何的物质遗产，却给我们留下了宝贵的精神财富，这是用金钱无法衡量的，希望你们不要丢弃它，要时刻牢记自己是甘祖昌的后代，继承他的遗愿，弘扬他的精神，这也是我们大家义不容辞的责任，从今以后就从我开始做起吧。”母亲是这样说的，更是这样做的。30多年来，她追随着父亲的脚步，默默地传递并诠释着父亲对党、对人民的热爱、感恩和回报之情，为了家乡的教育事业和社会公益事业竭尽所能，发挥余热。她义务为学校、社区、机关、部队、企事业单位做革命传统教育报告上千场次，她捐资助学，扶危济困，尽自己所能，帮助那些她认为需要帮助的人。

母亲离休前，是一位普通的教师、一位小学校长；离休后，是一位令人尊敬的长者。

回乡60多年来，无论是父亲生前还是去世后，母亲都以父亲的精神为指引，竭尽所能地造福百姓。

毛主席说过，一个人做一件好事并不难，难的是一辈子做好事。母亲几十年如一日地捐资助学，扶危济困，矢志不渝，初心不改。离休后，她的工资并不高，可是，她节衣缩食，把平时省下来的钱绝大部分都用在帮助那些需要帮助的人身上。自2013年至2020年，龚全珍爱心救助基金共收到各方爱心人士捐款179万元，为需要帮助的人捐款140多万元，帮助了300多户贫困户、1000多名贫困学生和环卫工人。母亲每年都为该基金捐款8000元。

母亲在看书

母亲坚持记笔记

母亲一生酷爱学习，看书、看报、看杂志、看电视，她每每有心得体会，都会记在日记本上。

她坚持文学创作，写了不少散文和短篇小说，有《咱老妈顾启慧》《略施小计》《雪莲》《旋涡》《云桥》等，她还尝试着写艾游媛的故事——《老区一家人》，还有《我们的好司令员王震》《韩大夫你在哪里》。

更可贵的是她一直都在写父亲甘祖昌的故事，从搜集材料到整理采访笔记，再到成稿、修改，几乎贯穿了几十年的岁月，她几易其稿，虚心请他人批评指正。直到 90 多岁，她也没有放弃。2013 年，我找到她的手稿有《我的老伴甘祖昌》《我和老伴甘祖昌》《甘祖昌纪事》，还有写自己经历的《我的家》《回忆当亡国奴的岁月》等。

2013 年 7 月，人民出版社和江西人民出版社出版了《龚全珍日记选》。母亲从青年时代开始写日记，日记本几经搬家散失了一部分，但也留下了整整四十本。《龚全珍日记选》选的是 1966 年 11 月 1 日至 2013 年 6 月 1 日近 47 年时间母亲写的日记，共 12 万字。这些日记是母亲心血的结晶，是她心路历程的真实记录，也是我们家的宝贵精神财富。

2014 年 1 月，江西教育出版社出版了《我和老伴甘祖昌》——这是母亲创作的第二本书。在母亲 91 岁时，她终于梦想成真了。她在自序里写道："看到我自己的文字《我和老伴甘祖昌》变成了铅字书，我很高兴，也很愧疚。我的能力和水平有限，没有写好，怕对不起读者。但是，书里的每一个字，都是用心写出来的，每一件事，也是真实有据的。我只是做一个忠实的记录者，没有夸大其词，没有胡编乱造，而是实事求是反映我和老伴的人生历程，记录我和老伴认识走过的路程以及老伴不平凡的一生。我想我做得还很不够，写老伴的地方，还不够生动，不够全面。希望读者批评指正。"母亲永远是那么谦虚和质朴。

留下清白在人间

母亲如是说："粉笔从不计较得失，它的梦想就是在黑板上留下洁白的文字。人生也有梦想，就是在世上留下干净的脚印——要留清白在人间！"

汶川地震、新冠肺炎疫情期间，她把一笔笔特殊党费上交组织。她在日记中写道："工资是国家给的，除了基本生活费用外，就要去帮助有需要的人。我虽然能力有限，但有一分热就要发一分光！"

"马上要过年了，你回去看看还有哪些困难群众、有没有学生需要帮助……"如今，近百岁高龄躺在病床上的母亲也时刻心系困难群众和学生。正月十五一过，她就叮嘱妹妹甘公荣去莲花了解情况，直到妹妹把情况告诉她后才放心。

母亲年纪大了，我们都希望她生活得好一点。给她买衣服、鞋子，超过一百块钱的她不穿；平时买水果回家，超过三块钱一斤的，她就不太高兴，总会说父亲还在的话，决不会吃这么贵的东西。她守住了清贫，抵制了诱惑，久而久之，就成了习惯。母亲严于律己的大爱大善人格，就是这样体现在她的生活细节中的。

母亲神志稍微清醒一点时，用那微弱的声音对我们说得最多的话是：要去看望孤寡老人、贫困群众、学生、留守儿童……要我们带上笔和笔记本去学校召开座谈会，了解老师、学生的情况，看有哪些需要帮助解决的事情……有时又说，我想好了，回去当老师，年纪大了，教不动小学生，教高年级还可以……有时又突然说，我刚看到党员学习了，怎么不叫我……看电视剧《啊摇篮》，看到幼儿园的小朋友没有吃的，她抓住我的手说，我身上没钱，你有钱帮他们买些吃的送去……每每听到这些我忍不住泪流满面，强装笑容安慰她说，好，我去买！……

2020 年 7 月 12 日，母亲出现颜面部及双下肢水肿，尿量少，16 日突发心衰，至莲花县人民医院治疗稍好后立即转到萍乡市人民医院治疗，效果不佳。因血压控制不佳，8 月 7 日出现肺部感染，心衰反复发作，且出现了消化道出血及腹痛，病情危重，8 月 14 日转入南昌大学第一附属医院重症医学科。

在院领导的重视和主治医生及护士的共同努力下，母亲的病情明显好转。至今母亲在医院已经一年多了，我和妹妹甘公荣日夜陪伴在她身边，她血压时高时低，病情时好时坏。但母亲乐观，心态非常好，她说："我没有什么大病，只是在医院履行健康检查，顺便把小病治好再回家。"母亲喜欢音乐、喜欢唱歌，我就学着在手机上 K 歌，唱一些她熟悉喜欢的歌曲，如《南泥湾》《十送红军》《过雪山草地》《唱支山歌给党听》《没有共产党就没有新中国》等，每当她精神稍好时，就轮流放给她听，听着听着我们就一起唱，她很高兴。我女儿李艺为她买来平板电脑，下载了她喜欢听的音乐和影视剧，有时我念《父亲甘祖昌》书中内容给她听，她特别满意。我们要尽心尽力让她开心愉快地度过每一天。

2021 年元旦，恰逢母亲 98 岁生日，我们姐妹在医院给母亲过生日，还邀请了医务人员一起庆贺。不料医院领导得知消息后，买来生日蛋糕为母亲祝寿；母亲教过的学生在网上精心准备视频给母亲祝寿；新疆军区联勤部的官兵也精心录制了生日祝福视频，为老母亲送来了最真挚的祝福。母亲对大家的祝福既感动又惊喜，很快给新疆军区联勤部回信了，在信中她深情地说："你们戍守边疆、保家卫国，是最可爱的人。作为一名老党员、老退役军人，我要向你们学习、致敬！"这是母亲过得特别有意义的一个生日。

第二章
人 生 蜕 变

为了心中的理想，父母亲主动放弃优越的城市生活，回到农村，这是一般人很难做到的。特别是我的母亲，作为从小在城市里长大的大学生，但她有着天然的适应性，她的生活方式、工作作风、思想品质跟父亲一样，舍小家为大家，一心扑在工作上。然而刚回到农村时，母亲遇到了不少困难，首先是语言不通，饮食不习惯，苍蝇、蚊子、跳蚤等，弄得她吃不好，睡不好。等她过了这些关后，干农活又是她碰到的最大困难，她从小在城市长大，干农活是她最薄弱的地方。每每遇到集体劳动的时候，她就是那个最吃力却最不出活的人。尽管如此，她依然很积极。她说，父亲二万五千里长征都走过来了，这点困难吓不倒她：做不了重活，就做轻一点的活，坚持下去就会越来越好。

农村的家

父亲领着我们回到老家时没有自己的住房，和两个叔叔挤在一起住。按照规定，组织上会给父亲盖房子。但他不要组织的照顾，坚决拒绝了。

父亲回家安顿好后，便召开家庭会议。这是个大家庭，两个叔叔家里的人和我们家的人，加起来有20多口。会上他宣布了两件事：“一是我回来当农民，今后和你们一样是平民百姓，靠劳动生活。二是我们的家过去受到反动派的摧残，大家受了很多苦。现在我带着全家回来了，今后咱们大家有福同享、有难同当，一起过吧！”征得大家同意后，父亲又把家务事分了工。母亲刚到农村，对这里的一切都很陌生，那年大哥才十岁，小哥才八岁，姐姐不到三岁，我才九个月，由母亲照管。

家庭会议将一家人的思想统一了。大家庭20多口人合住在一栋老房子里，住了5年。家里每年都新添了人口，到了1961年，老房子实在挤不下了，父亲便自己设计建房图纸，自己打砖烧窑，买了木料、瓦片，请了泥水匠、木工在老房子边上盖了两排新房。1962年和两个叔叔分了家。

20世纪60年代开始，偶有支农部队到村庄支农，新闻媒体到村里采访父亲，乡下没有招待所，我们家就成了招待所，房子还是不够住。1964年，父亲又在住的房子边上加盖了三排住房，看着真像个招待所了。

过“四关”

父亲回到家乡后，成了一个地地道道的农民。无论春夏秋冬，他常常是光脚、光肩膀，肩上搭上一条白罗布汗巾，手上拿着一根没有烟嘴的烟管，穿着粗布衣在田间地头劳动。

母亲看到父亲每天早出晚归地干活，又高兴又担忧，高兴的是父亲回乡以后，精神特别好，容光焕发；担忧的是他一身伤病，怎能经得起这风吹雨打日晒？她忘不了父亲因劳累过度昏倒住院的情景。

父亲从新疆带回来的优良家畜，因水土不服陆续死去。母亲焦急万分，这样的环境，这样的生活，这样的医疗条件，该怎么办呢？

母亲在莲花农村生活特别不容易，要克服的困难很多。首先要过四关。

第一是陌生关。母亲有生以来第一次来到南方的山区，第一次看到稻田。白天家里的大人们去干农活了,大一点的孩子们上学去了，母亲抱着我不知干什么好。有时，她也想跟着父亲去干点农活，一出家门，窄窄的田埂弯弯曲曲，几次踩进田里让大家笑话。

第二是语言关。她在新疆时就有思想准备，万一当不了农民，就像父亲说的那样去当扫盲老师，可眼下才发现，她连这一“理想”都无法实现。乡亲们一口方言，自己连话都听不懂，语言交流很困难，扫盲从何谈起？想来想去，不能总待在家里，自己历经千辛万苦读的书岂不是白白浪费了？所以她决定靠自己闯出一条路。

第三是饮食关。回到老家后，全家大小 20 多口人，每餐要开三桌才能坐下所有人。青菜、萝卜几大碗，有豆腐、鸡蛋就不错了，大部分是辣椒。母亲是北方人，不吃辣椒，直到现在她都没有学会吃辣椒。

第四是环境关。母亲在家仔细观察了这陌生的环境，房屋外观是半新旧的砖瓦房，走进门中间是厅堂，楼下一边三间房间，因为人多，我们一家住在楼上，两边是两个叔叔的住房和厨房。楼下三间厢房，住着堂姐和大哥一家。楼下被柴烟熏得黑咕隆咚的，苍蝇到处飞，楼上的蚊子嗡嗡叫。俗话说：“秋虫毒似蛇。”家旁边有口塘，蚊子特别多，这蚊子在手上或脚上咬一口，就会留下又红又痒的大包，农村跳蚤也特别多，母亲经常被咬得全身都是包，很难受，整夜睡不好觉。卧室里一盏茶油灯，发出昏黄的一点光亮。母亲长期生活在北方，刚来的时候对这山区的农村环境很不适应。她又特别担心父亲的身体吃不消。而父亲从小生长在这里，他认为现在的生活条件比他小时候好多了，所以他很满足。他说：“这有什么要紧，苍蝇多勤打点，蚊子多有蚊帐，没有电灯也没什么要紧，晚上早点休息，早晨早点起床。”

在农村吃、穿、住都还能马马虎虎应付下去，就是上厕所太不方便。农村的茅厕，男女不分，粪坑上架两块松木板，半高的门，讲究一点的人家挂一帘破草席或用杉皮门挡一挡，我们家就是用杉皮钉的门，一大家人共用一个厕所，有时蹲在里面听到外面的脚步声，就只能大声咳嗽，以示里面有人。

炼 钢 铁

农村的中小学办学方式与城市中小学有所不同，根据农村的特点，农村的中小学每年要增加两次农忙假。上半年春天插秧时放十天农忙假，下半年立冬时节要采摘茶子、收割晚稻，也放十天农忙假，让老师、学生们回家参加劳动。1958年冬的一天，寒风怒吼，滴水成冰。九都中学的几个老师，依然带着学生们上山采挖矿石去了。虽然母亲还颤巍巍挺着一个大肚子，但作为班主任，她觉得自己有责任坚持和学生们一起劳动。

母亲不仅带学生们上了山，还手持锄头干起活来。挖了没一会儿，她便感到腹中袭来一阵阵绞痛。“哎呀，不好，孩子着急，想要提前来人间了！”有过生产经验的母亲，马上意识到孩子即将出生。可这是在山上，前不着村后不着店的，怎么办呢？母亲镇定下来，她叫来班长，嘱咐他要好好管理班级，带领同学们继续劳动；又叫来班里年龄最大的女同学陈金兰，请她搀扶自己下山去医院。

可是，天冷、风大、路远。腹痛一点点在加剧，母亲越走越无力，大冷的天，她甚至痛出了满额头的汗。但她还是拽着路旁那些坚韧、绵软的油茶树枝条，默默咬着牙，慢慢往前走。“龚老师，坚持住啊，马上就到山下了！”陈金兰心里很害怕，但也很坚强。她见母亲身子摇摇晃晃往下坠去，便伸出双手，将母亲半搂半抱着，使出全身力气，一步步挪动着，将母亲送下了山。山下田地里，有几个乡亲正在锄地。陈金兰便冲他们大喊起来：“来人啊！救命啊！”乡亲们见状，忙找来一张竹躺椅，将母亲抬起来，送到了公社卫生院。没过多久，大妹妹出生了，父亲为她取名叫甘公荣。

母亲对陈金兰和乡亲们的帮助念念不忘。多年后，陈金兰长成大姑娘了，她出嫁的那天，母亲不请自到，给她送去了贺礼——一条漂亮的蓝色卡其女裤。母亲对陈金兰说："祝贺你就要当新娘了，这么多年，我一直没有忘记当年你将我们母女送下山的情景。这条裤子，就当是我的谢礼吧！祝你新婚快乐，永远幸福！"

面对突然出现的母亲，面对母亲送给她的这份礼物，陈金兰感动得热泪盈眶。她万万没想到，中学时为母亲做的那件事情，竟然让母亲记了这么多年。

不会赤脚出洋相

父亲一回家就变成了“赤脚大仙”，连大一点的孩子们也要跟他一样打赤脚。这又是什么规矩？节约到了不穿鞋上？母亲茫然望着这一群“赤脚大仙”，难以理解。周末母亲返校时，小哥哥跟母亲告状了。

“爸爸变坏了！”

“噢？怎么个坏法？”

“他不准我们穿鞋，说是要练脚，给我们每人买了个粪箕，每天捡粪，爸爸说肥多粮才多，他捡得真快，我们还没捡上半箕，他就捡满了一箕，他一早上能捡四五箕。他告诉我们狗屎最肥，猪屎第二，牛屎差一些。你看，妈妈，这里有这么多狗屎，没人捡，这里人真懒！我要去告诉爸爸，到这里来捡！”说着就跑掉了。一个月前还是个城市娃娃，娇生惯养，现在居然变成了一个皮实的农村孩子。看到孩子们的变化，母亲感慨万千。

1959 年春，学校放农忙假，母亲和学校的老师一起去生产队插秧苗。本以为简单的劳动，这次却让母亲出尽了洋相。母亲从小习惯了穿鞋走路，可下田插秧要脱鞋才能劳动。可是脱了鞋，母亲的双脚就完全不听使唤，她小心翼翼地迈着脚，生怕摔跤。看到其他老师都飞快地向前走，秧苗插得又快又齐，而母亲却被包围在中间，动弹不得，人家插了两三个来回，母亲一行还没插到一半，她只恨自己的手脚为什么生得如此笨拙。

春天的天气多变，一阵乌云过来，雨点就噼噼啪啪地打了下来。大家像一阵风一样跑去避雨了，母亲却在稻田里一走一滑，一不小心就是一跤。两位好心的女老师急忙过来搀扶，一左一右，在两个老师的“保驾”下，才算走出了稻田。那狼狈相，母亲恨不得找个老鼠洞钻进去。

有了这次经历，母亲才恍然大悟，打赤脚不光是为了省鞋，在这样的山区，不会赤脚走路，就无法参加生产劳动。母亲后悔没有早些跟哥哥们一起练脚，不然也不至于出这些洋相。

自力更生盖教室

1961 年，母亲被调到南陂小学当校长。农村小学教室非常简陋，都是用土砖盖的平房，经风吹雨淋，有些教室漏雨，濒临倒塌，很不安全。作为一校之长,母亲决定带领师生自己动手盖教室。然而,做砖、挑煤、砍柴、烧窑这些活，对于在农村长大的老师和学生而言，非常容易，对于母亲而言，却是吃力不出活的事情。

第一步是做砖。经过反复讨论，大家一致认为学校地处荒山上，可以利用黄泥巴制成土砖，再用煤炭和柴火烧成耐用结实的砖头，重盖教室，改善教学条件。对于这些苦力活，母亲一窍不通，她既没看过，更没干过。但是她依然和全体师生一起，全身心地投入劳动中。师生们利用劳动时间齐心协力，把黄泥制成土砖。几个月后，砖晒干了，就可装窑、烧窑。

第二步是挑煤。利用假期，母亲组织老师们去煤矿挑煤。挑担全靠肩膀用力，母亲肩膀无力，还没练出来，只能挑三五十斤，还累得够呛。这次她决定用独轮车推，推车可以手肩一起用力，肩挑 50 斤就可以推 150 斤。但推车并不是件容易的事。母亲推着独轮车出发了。煤矿离学校少说也有十几里路，而且路况不好，上坡下坡，掌握不了平衡反而更累。小时候我跟姐姐也推过,生产队组织去挑石灰石，我们两个人推一辆独轮车，确实比挑的多，路上一个推车，一个拉车，互相配合。母亲想得简单，没干过的事都想试试。空车去很轻松，到了煤矿，一个男老师装满一大篓，像座小山一样，母亲不敢多装，装了半篓，也有一百多斤，他们一起上路了。这些老师生长在农村，推煤对他们来说可谓小事一桩，很轻松地就推走了。而母亲就不同了，她非常吃力地推着车往回走，到了上坡的地方，男老师就回头帮她推上坡，大汗淋漓，越走越慢，越走脚下越沉重，好在离学校也越来越近了，她暗自下决心，一定要坚持，坚持就是胜利！这样咬着牙坚持着回到了学校。这就是我的倔强的母亲。

第三步是砍柴。她在日记中写道，在砍柴的劳动中，她打了“败仗”。砍柴，要翻山越岭去山上砍。山上杂草丛生，没有路，只能在杂草堆里钻来钻去，一边砍柴，一边捡枯萎的树枝。同去的老师和同学都劳动惯了，不一会就砍了一担柴，分成两捆捆好，挑着回学校了。唯独母亲虽然也卖力地跟着他们钻来钻去，累得要命，才捡了几根柴火。学生刘启兰帮她捡了一些并捆好，但母亲背着柴下山时，因为路上滑，她一不小心就滑了一跤，她命令自己赶快站起来，不能让别人看见。站起来走了几步，两条腿就发软，只好歇一下，想到如果走慢了，前面的学生会回来接她，她又鼓足干劲把柴背起来继续走。果真没走多远，启兰来了，她帮母亲把柴火背下了山，然后挑着自己的柴过了河。一个社员看到母亲背柴，又帮她把柴背过了河。后来她终于把柴背回了学校。

这次捡柴对母亲触动很大，她说回想自己这次捡柴，虽然吃尽了苦头，却捡了很少的柴，实际上都是靠别人的帮助来完成的。她又出现了两种想法：一是既然自己已经试过了，尽力了，捡不到就算了，以后可以去担沙；二是同样是劳动，何必硬要做自己做不到的事呢？如果在路上跌伤了，岂不是自找麻烦。想到这里好像也合乎情理，母亲在思想上平静了好多。晚上准备写日记时，这件事又在她的脑子里翻腾起来了。她想：我为什么会跌倒？因为路滑，因为自己爱面子背得多了点，自己脚力差，上了山用了力，下山时腿酸，加上路滑一溜就倒了，不过一点也不痛，再跌几跤也跌不坏人。就这点困难就被吓倒了吗？就不敢上山砍柴了？这显然是前进道路上的钉子，一定要拔掉它！她又联想到刚到南陂小学时，住在房东家，母亲每天早上要给房东挑水，水井离房东家有一段路，路上坑坑洼洼，还要上坡。母亲第一次去挑水，在坡上滑倒了，就有点不敢走了，正好碰到学校的郭新民副校长，帮她把水挑回了房东家。事后她想，以后还挑不挑水？回答是还要挑！要挑水就要修路，路修好了，不仅方便挑水，村民们去干农活，上山拾柴都好走。已经有了一条山路，铺上点石子砖头把坑坑洼洼的地方填平了，就大大地方便了群众。想到这，母亲决定从第二天开始，每天中午去河边挑沙子铺路。村里的学生看到了，也主动参与挑沙子，经过近一个月的努力，他们终于把路修好了。母亲也及时总结表扬了参加挑沙的学生。

第四步是烧窑。等到准备烧窑的时候，冬天已经来了，天气越来越冷了，大家也都穿上了棉衣。可是，冬天的夜晚寒风刺骨，晚上负责出去添柴烧窑的老师，更是冷得全身发抖。有老师提议在木棚子里也点火取暖，可那堆渐渐缩小的干柴，还不知是否能够烧好这窑砖呢。正当大家左右为难时，母亲突然眼睛一亮，看到不远处的田里的干稻草。于是她决定就地取材，从田里拿了一捆稻草，坐在木棚里麻利地搓了一根长长的稻草绳子，再一圈圈缠绕在自己的腰上。她用双手拍了拍又拉了拉草绳，感到草绳系牢了，身体也暖和多了。正当母亲高兴时，旁边的一个老师赶忙阻止她："龚老师，不能这样呀，这个样子是不吉利的。"

母亲一脸茫然，不解地问："为什么不吉利呀？""我们这里的风俗习惯是只有家里人去世了，才将草绳系在身上，以尽孝道。龚老师，你这样很不吉利的，赶紧解下来吧。"另一个老师也说道。其他几个老师也都大声劝她说："赶紧解下来吧！""那是迷信，我才不信呢。我们老师是相信科学的，应该带头破除封建迷信。"她精神抖擞地干活去了。

后来，在那排危房上，学校盖起了8间亮堂的新教室，学生们上课再也不用担心漏雨啦。盖教室请的泥工、木工的工钱都是母亲自己垫付的。

勤 工 俭 学

二十世纪六七十年代，根据毛主席提出的“五七”指示，既要学文化又要从事农副业生产，要培养又红又专的革命事业接班人。乡下的每个学校都要组织师生勤工俭学。对学生来说，这不仅可以加强劳动技术教育，让他们掌握一定的生产知识和劳动技能，而且可以培养他们正确的劳动观念和态度，让他们养成自立、自强、艰苦奋斗的思想作风。对学校来说,不仅可以把勤工俭学所得用于改善办学条件，提高师生福利，弥补学校经费的不足；而且可以通过劳动增强师生的体质。

母亲接到的任务是开荒造田。她和朱炳华、刘火郎、陈田生等男老师一起身体力行，经过一段时间的艰苦奋战，先后在龙潭后面的高山上开出一大片水田，在雪马坳上坡的地方开发了一块梯田。小王庙、王岗还有她搞的试验田，种出了绿油油的庄稼，当年南陂小学教室后面有一片坟山，也被学校师生开出了一大片土地，种上了红薯、花生等，喜获丰收。

对这些，我朦胧中有点记忆，那时我读三四年级，母亲带我们班学生一起去挖过地，种过红薯、花生，施过肥，除过草。半个世纪过去了，为了寻找当年的足迹，我特意回莲花县约长我几岁的学姐陈满娇，一起重走母亲带领我们劳动过的这些地方，雪马坳的梯田，背面是绿树、满山遍野的杜鹃花，就在省道公路边，现在被开发成了旅游景区。

母亲带领学生们上山捡茶子。老家盛产茶油，满山遍野都是茶山，归生产队管。每年立冬时，生产队组织集体采摘茶子，全部摘完后，学生们就去茶山上捡掉在树下的茶子。母亲还带领学生们下田拾稻穗、割猪草、种菜等。每一件事情，母亲都虚心向学生们学习，从一窍不通到慢慢熟悉。她做任何事情都身先士卒、一丝不苟，大家也都不好意思偷懒。于是，师生们都争先恐后地投身到勤工俭学的浪潮中。

记得在对学生进行革命传统教育时，母亲请受到地主压迫的贫苦群众忆苦思甜，还带我们上山挖蕨根，并做成压缩饼干，当饭吃，虽然又苦又涩，但同学们还是争着吃起来。

下 放 劳 动

母亲只是个山村小学校长，但是，在“文化大革命”中仍受到批斗，被下放到坊楼公社太安冲农场劳动。

太安冲农场在一个非常偏僻的深山里，离我们家有十多里山路。那里只有三四户人家，是一个非常贫穷落后的小村庄。农场里只有八九个人，女同志很少。好在食堂做饭的是个女同志，母亲和她住在一起。她平时很少回家，有时，周末二婶烧好一瓶菜，让我和姐姐送去，我们一人挑了一担竹篮，在母亲那里吃了午饭，割一担猪草挑回家。

母亲在那里一待就是三年，每天日出而作，日落而归。她下水田插秧、割稻子；上山种果树、砍柴、烧荒；跟着农技员刘新球学习嫁接果树；在旱地里种红薯、玉米；去稻田里捡田螺；下小溪抓鱼。对于一个女同志来说，对于从小生长在城市里的女人来说，整日从事着艰苦的农业劳动，实属不易。

小村庄里有一特困户姓孟，穷到夫妻俩同穿一条裤子，生育了五六个小孩，都是光着屁股，没衣服穿，长着长发，满头虱子。母亲看到后，很吃惊，还真有这么穷的人家。她当即回家，把家里人能穿的、不能穿的大人和小孩的衣物挑了一箩筐给他们送去，还给他们带去了饼干和糖果。接着，她还帮这家女主人和孩子们洗发、剪发，煮药水去头虱。

那时，那个村里的孩子都以为我们家的孩子一定天天都生活在蜜罐里，吃得好、穿得好。殊不知母亲把我们兄妹最好的衣服都送给了他们，我们都吃不到饼干和糖果。为此，我们很生气，问母亲：“到

底我们是您的孩子，还是他们是您的孩子？”

即使在最艰难的岁月里，母亲也没有忘记一个教育工作者身上的责任，也没有忘记向他人传播真善美。她把这几家失学的孩子组织起来，利用空闲时间，给孩子们上课，使那些深山里的孩子也能学到文化知识。

半个世纪过去了，2021 年 4 月，我专程来到了这个农场，有幸找到了刘新球的儿子和孙子。小刘带我去看了当年母亲住过的地方，那里已经成了废墟，剩下半腰高的残墙，长满了野草。村庄里的农户都搬走了。刘新球的儿子把村庄里的田地、果园和周边的山都承包下来了，修了一条通往山外的小道，准备发展养殖业，还在旧房边盖了一栋新楼房，守护着这片祖业。

再 返 讲 台

在农场劳动三年后，母亲终于回到了她日思夜想的南陂小学（1969 年增加了一个初中班，改为甘家中小学，1970 年，南陂小学与甘家中学分设，母亲仍为南陂小学校长），回到了她日思夜想的讲台。她对学生的爱更深了,对农村孩子也有了更多的了解。农村孩子质朴，也很真诚，还有很强的自尊心。

记得我上五年级的时候,已经十二月了,一天,下着雨,天气很冷。母亲发现我们班上一个女同学的鞋子穿烂了，光着脚在湿滑泥泞的地上趔趔趄趄地走着,小脚都冻伤了。母亲就给这个同学买了一双雨鞋。可是，当她把雨鞋送给同学时，这个同学却说什么也不肯要。

晚上，母亲躺在床上，想了又想，心里有主意了。第二天一早，她又拎着雨鞋走到女同学面前说："这双雨鞋，我昨天本来是给我小女儿买的，可我不小心买大了，我小女儿不能穿，我自己穿又小了，我可不可以把这双雨鞋送给你呢？"

同学瞪着一双疑惑的眼睛，看着母亲，摇摇头，还是不要。母亲又对她说："我想请你帮帮我，我要是把鞋扔了，人家会骂我的，这双鞋也会骂我，骂我平白无故糟蹋好东西。你就帮我一个忙，把鞋子收下吧！你有困难时，我帮你，现在老师有困难，你也帮帮老师，好吗？""老师，您是要我帮您一个忙吗？"同学天真地问。"是啊，你收下这双鞋，就是帮了老师一个大忙啊！""那好吧，老师，我帮您！"同学爽朗地说道。

放学时，同学穿上新鞋，蹦蹦跳跳地跑回家，兴奋地对她妈妈说:“妈妈,我今天帮了龚老师一个忙!”她妈妈一看她脚上的新雨鞋,就什么都明白了,眼眶一下子红了,对女儿说:“孩子,你能帮助那么好的龚老师,你真是太棒啦!”其实,对待这些倔强且自尊心强的农村孩子,母亲也是慢慢才摸索出与他们相处的经验的。

学校的“家”

自 1957 年重回讲台，直到 1975 年，母亲在教师的讲台上工作了 18 年。18 年的时间里，除了节假日，她大部分时间都在学校，学校就是她的家。

九都中学，校舍简陋，只有几栋土砖瓦结构的旧平房。母亲很快就在四合院里不到十平方米简陋的小屋里住了下来。

当时,学校还在创建中,只有 4 名老师,母亲不仅教语文、生物课,还要教政治课。政治课连教材都没有，只有通过学习毛主席著作来谈体会。尽管学校离家才 5 里路，尽管我们姐妹都还小需要她照料，但是，母亲认为自己既然做了老师，就要把学校当作自己的家，把学生当作自己的孩子。于是，她坚持吃住在学校。那个年代，教师辅导学生没有补助，全是自愿的。每天夜里，她要组织学生们就着煤油灯自习，并在教室里辅导学生。

母亲的宿舍离教室有一段距离，她每天晚上九点多都要打着手电筒走过这段山路。夏日的晚上，人们经常能听到山上野兽的叫声，蛇在路边肆无忌惮地爬过，把路边的茅草划拉得窸窣作响。在这样的晚上，男老师都不敢轻易出门，他们宁愿步行几公里回家住，或者待在宿舍里不出来。而母亲为了学生，每天晚上，她都坚持到班上进行辅导。母亲说好几次差点就踩到蛇了。后来，为了保护自己，她左思右想，终于想出了一个“打草惊蛇”的办法。晚上回宿舍时，她手里拿着一根长长的竹子，一边走，一边用竹子在路边的草丛里划拉出很大的声响。果然，蛇听到声响后就远远地逃走了。

有时候，她辅导完学生后，回到房间洗漱完，还不放心又去检查学生寝室的门窗是否关好，孩子们是否盖好了被子，是否按时睡觉。

1961 年，母亲被调到南陂小学任校长。一切从头开始，她工作更忙了。虽然学校离家更近了，我们上学走路十多分钟就到了学校，按理说离家这么近，母亲完全可以住在家里，照顾家人。但是，为了方便工作，她一直坚持住在学校。

母亲在南陂小学任校长期间，她的住房是全校教师中最差的一间，当年南陂小学教师住房分为三部分：一部分教师住在教室通道两旁的小房间；一部分教师住在祠堂内；还有一部分教师住在位于学校中央，既是教室又是教师宿舍的两层木板楼房。母亲就常年住在这栋楼房楼上通道用木板隔的那一间，这间房间面积小，放一张床和一张办公桌就没有什么余地了。房内夏天热冬天冷，尤其是两边房子里老师进进出出的脚步声和学生找老师时上上下下的吵闹声，办公、睡觉都会受到影响，可母亲在这间房间里，一住就是十几年。当年的副校长尹崇德曾多次提出要跟她换房，她都婉言谢绝。

一间不到十平方米的小屋，伴随她度过了 18 年的时光，她爱这个“家”，更爱“家”里的孩子们。

不要加薪

母亲在新疆军区八一子弟学校当老师，1953 年任教务处副主任，1955 年参加了部队评级授衔，母亲被授予连级，月薪 160 多元。1957 年和父亲一起回乡后，她重返讲台当老师，月薪 80.5 元，应该是按大学学历套的工资。

母亲生活非常简单，她的衣食住行十分俭朴。她穿的衣服跟农村妇女一样，经常带补丁，却很干净整洁。她胃不好，还常年吃食堂，晚上忙完工作后，肚子饿，胃就痛，要是能补充点食物就会好很多。其实，她完全可以买点零食备在房里。可是她没有这样做，她说在那个缺衣少食的年代，有三顿饭吃就很好了，买零食是一种浪费，是一种奢侈，她强忍着，坚持着……

母亲有大学学历，是当时莲花县教育系统里为数不多的高学历教师之一。她不仅学历高，还是新中国成立前的干部，按照文件规定，调工资时，她的工资可以套高些。可是，在工资待遇方面她和父亲一样，要求非常低。每逢有加薪晋级的指标，按照级别和工作业绩她理当有份，可是，只要一听到自己有加薪的消息，她就主动把名额让给工作认真负责、家庭困难的同事。她认为父亲和她的工资都比较高，家庭生活有保障。同事要赡养父母、抚养儿女，开支大。因此，从她回乡当老师起一直到离休，没有享受过一次调薪，还是原工资 80.5 元。

改革开放以来，随着国家对教育的高度重视，教师的待遇也相应地提高，离退休教师也增加了不少工资。每次工作人员要求母亲填写相关信息时，她总要事先问个清楚，是不是人人有份，生怕搞特殊化。直到 2010 年，我的两个舅舅从教师岗位上退休，他们问母亲退休工资多少，母亲说，我们是革命老区，工资自然没有你们高。母亲的退休工资有三千多元，她很知足，她常说：“我在家不上班，比身边的两个妹妹工资还高。”她感恩共产党的好领导，她要把平时省吃俭用省下的钱，去帮助那些需要帮助的人。

母亲常说：“人生几十年，得到了党的教育和培养，得到的物质享受也很多。钱财是身外之物，生不带来，死不带去，只有奉献给需要帮助的人，我的心才感到踏实。”

第三章
教书育人

怎样做好老师，是每一个老师都应该认真思考和探索的问题，做好老师是每一个老师的理想和追求。母亲从教几十年，深深地体会到要做一名好老师、好校长，必须具备几种特质：第一，要有理想信念。既要精于“授业”“解惑”，更要以“传道”为责任和使命。老师心中要有国家和民族，要明确意识到肩负的国家使命和社会责任。第二，要有道德情操。必须率先垂范，以身作则，引导和帮助学生把握好人生方向，不断提高道德修养，提升人格品质，把正确的道德观传授给学生。第三，要有扎实的学识。扎实的知识功底、过硬的教学能力、勤勉的教学态度、科学的教学方法是老师应具备的基本素质。第四，要有仁爱之心。爱是教育的灵魂，没有爱就没有教育。没有爱心的人不可能成为好老师。

因此，不论她在哪里教书，不论谁家有困难，不论条件多艰苦，只要是她力所能及的事，她从不推脱，用实际行动诠释着这份浓浓的慈母心。她除了要承担繁重的教学工作外，还要面对农村的许多不适应，体恤乡亲们的疾苦。她不管吃了多少苦，受了多少委屈，都一笑而过。几十年如一日，孜孜不倦，乐此不疲地做一件事：教书育人。

扎根山区教育事业

母亲刚到南陂小学时，发现学校大部分教师没有太多的教学经验，学历也不高。在检查老师的备课本时，她发现大多数老师用的竟然还是几年前的资料,这样的师资队伍,学生的成绩怎么能够提高呢?

母亲想首先要调动教师的积极性。母亲在南陂小学任校长的工作中，始终践行“校长管理学校，就是调动教师的积极性”这一工作方法，在“通情达理”上下功夫，狠抓“提高觉悟，联络感情，解决问题，加强管理”四个环节，充分调动教师的积极性，当年南陂小学领导和教师亲如一家，拧成一股绳，个个心往一处想，劲往一处使，学校工作每学期都有变化，年年有起色。

接着，她把重心放在提高教师的文化业务水平上。针对农村师资队伍以民办老师和代课老师为主的特点，她非常重视教师的函授进修。在安排年轻教师进修时，她着重强调三个问题：第一进修的目的是否明确，进修是为教学服务，不是单纯追求文凭；第二允不允许进修，要看工作表现，教学效果，事业心和责任心；第三进修时间不能耽误教学，影响工作，教学质量不合格，随时取消进修资格。她还采取两种办法为老师们“充电”。

一种是成立函授站,自己任站长,要求全体老师参加函授班学习。每个周末或寒暑假，学校从县里请来优秀教师到学校为老师们讲课，她自己也自始至终和老师们一起坐下来当学生。母亲还要求没有文凭的民办老师、代课老师通过“三沟通”或脱产到师范学校学习等进行深造，拿到正式文凭。在母亲的坚持下，函授站一办就是三年。通过三年时间的函授学习，学校的风气焕然一新、老师们的教学水平和能力有了很大的提高。

另一种就是建立听课、评课制度。为了提高老师们的讲课效果，学校成立了评课小组，母亲自己担任组长。她要求老师们在上课时要注意讲练结合，要激发学生们的兴趣，要注意引导学生，学以致用，并经常告诫老师们：“要想给予学生一杯水，自己必须要有一桶水。”母亲经常到各个班级进行听课、评课，同时，她也虚心邀请其他老师来评自己的课。老师们看到母亲备课一丝不苟，讲课风趣幽默，师生之间的互动性非常好，深受触动。在母亲的影响下，老师们的责任心和对工作的积极性得到显著提高。

这样一来，保证了教学进修两不误。通过抓教师进修，提高了教师的文化水平和教学质量。此外，她充分发挥了教导处、教研组、

南陂小学第十六届毕业同学与教工合影

年级学科小组的作用，使学校年年在县学科抽考、学科竞赛中捷报频传。

她把学校、家庭、社会教育融为一体。学生来自家庭，家庭是社会的细胞，关起门来办学，学校是办不好的。母亲对这些认识到位，做得出色。记得当年学校设立了家长委员会，定期召开会议，与家长沟通学生的情况，为学校解决了许多实际问题。她对家长委员会非常重视，家长委员会召开的时间有讲究，召开的形式求灵活。她对家访工作也很重视，抓得细，要求老师通过家访、约见家长、书面联系、家长访校等形式做好工作，使学校、家庭、社会教育有机结合。

小兵娃慈母师

20世纪50年代初，新疆刚刚解放，军区八一子弟学校位于乌鲁木齐市红山嘴，刚刚建校，各方面条件都很艰苦。学校里有20多位老师，200多名学生，都是新疆军区指战员的子弟，入校统一着儿童小军装，实行半军事化管理。

全校师生在李校长的带领下，发扬艰苦奋斗精神，克服困难，把教学工作安排得有条不紊，把教学环境管理得井然有序，为了学生的健康成长，所有的老师都身兼数职，既管文化知识的传授，又管生活护理，还要做“孩子王”——带着学生一起唱歌、跳舞、跳绳，晚上还要为学生的安全担负保卫责任。

母亲与八一子弟学校小兵娃们的合影

母亲曾担任八一子弟学校八班乙首届班主任，分别60多年后，她曾教过的学生仍深情地回忆着……

赵欣大姐回忆说：1952年冬，我这个“野丫头”插班进入八班乙上学。那时有小朋友欺生，龚老师护着我。她担心我找不到家，就让大哥哥护送我回家。她还委托老师捎带我去医院看龋齿。她温柔的笑容牢牢刻印在我的心中。

1953年，在红山嘴时，军区后勤部给我们发了小军装，龚老师带着全班同学到军区政治部大院前的军人服务社照了一张合影。照完相后，老师还给每个小朋友发了两块泡泡糖。当时，我们好高兴啊！这是班上第一张师生合影啊！为我们每个人留下了永久的记忆。

为了培养我们良好的卫生习惯，每个班设了一个临时“卫生员”，我有幸担任这一职务。老师给我发了一个白袖章，上面有个红十字，戴着它，我可神气了。我的任务是每天第一节课检查同学们的小手洗干净没，下课检查废纸丢到垃圾篓里没，放学后还要检查教室打扫干净没，桌椅擦干净没……

龚老师是我们的小学启蒙老师，是首届班主任，她就像母亲一样关爱着每个孩子。当年，在全日制寄宿学校里，我们的吃喝拉撒睡，她都要全方位地管理。因为年纪小，从卫生习惯到上课举手发言，从吵闹打架调解矛盾到生病等问题都需要她亲自过问。

王力平大哥回忆说：我刚入校时才六七岁，这样的年龄正是淘气的时候，龚老师当班主任，又要教课，还要操心大家的生活，真是比妈妈都辛苦。

良好的卫生习惯的养成，真要感谢我们的龚老师。不乱扔垃圾，不随地吐痰，饭前洗手，还有轮流值日打扫班上卫生等，这些良好的卫生习惯让我受用一生。

我们从小过着像当兵一样的集体生活，吃饭要排队进食堂，没有开动口令不能动筷子，起床、出操、脸盆都要放得整齐划一，还要讲礼貌，“好！早！谢谢！再见！对不起！请”等礼貌用语成了我们的生活习惯，让我们感受到礼貌待人的人格魅力，让我们受益终生。

武越大姐回忆说：我和育英是1955年从西安转学来的，到乌鲁木齐后，家长第二天就把我们送到了学校，插班到龚老师的班上。龚老师给我印象最深的一件事是：我刚从西安转来，说一口西安方言。一天，龚老师叫我念课文，因为陕西把“我”叫作“额”，我说“额们”，引得全班同学哄堂大笑，我是又怕又羞，站在那儿不知如何是好，真想哭。龚老师亲切地让我坐下，然后对大家说：“同学们不要笑，武越同学刚从外地转来，还不会说普通话，你们要热情地帮助她，让她尽快熟悉普通话……”当时，我真感动得落泪了。

姜延大姐回忆说：记得我上小学时，龚老师要我参加学校的演讲比赛，我胆小，生怕讲不好会影响班级荣誉。所以，我不想参加。龚老师鼓励我，还不厌其烦地一遍遍教我，纠正我的错误，要我胆子大点，声音响亮点。在龚老师的耐心指导下，我勇敢地参加了比赛，并得了一等奖。当全国人民慰问团到新疆时，我被选中去献花。头天晚上我已进入梦乡，龚老师却还在为我擦皮鞋，洗红领巾。第二天，我穿着锃亮的皮鞋，戴着鲜艳的红领巾，为许广平团长献了花。我们成长中的点点滴滴，都饱含着老师的辛勤劳动和超乎寻常的爱。

王宝珍大姐回忆说：龚老师是我们的班主任，她就像我们的妈妈，给我们无微不至的关怀。那年，我的眼睛又红又肿，住进了半山腰的卫生所。龚老师给我订了牛奶，那时的牛奶十分珍贵，但我喝不习惯，就把牛奶和了泥巴玩。老师知道我不爱喝牛奶，又给我买了西红柿，她还和颜悦色地告诉我，牛奶是很宝贵的东西，来之不易，以后不能再浪费了。那时，她每天下午都会来看我。

初春，屋檐下结了不少冰溜子，我们就找来木棒敲下来吃，龚老师见了忙告诉我们不能吃，还耐心地跟我们解释原因。第二天，她给我们冻了放糖的冰块，让我们排着队，张大嘴巴，她给我们每人嘴里放一块……

龚老师讲课很好听，总能吸引我们。她讲“悲伤”一词时，教我们唱《牧羊姑娘》的歌,我们既记住了这个词,也记住了这首歌……

罗熙大哥回忆说：我第一次见龚老师是在1952年的秋天，妈妈带我去学校报到，见到龚老师身着翻领双排列宁装，齐耳的短发，白皙的面庞，很精神。老师和妈妈说了些小孩子不懂的话后，亲切地对我说：“和妈妈再见吧！”她轻轻地拉着我的手，我却并不乐意，眼里充满泪水和对妈妈的依恋，可还是跟老师走了。到了教室，同学们都到齐了，龚老师对大家说:“罗熙同学就要和我们一起学习生活了。”她还特意嘱咐大家，我家在石河子，希望我们友好相处，就像家里的兄弟姐妹一样……我似懂非懂听着老师的话，情绪好了很多。

龚老师教我们语文还兼任班主任，当时她很年轻，不到30岁。我们是一群淘气顽皮的小孩，可没少给老师添“麻烦”。记得那时我们开始学习用毛笔写小字，我写得既慢又费力，不知从哪里来的“灵感”，我把竹笔削了个“尖”蘸着墨汁写，省了不少力气。龚老师把我叫到办公室，把我和陶安娜的作业放在一起，对我说：“你看看有什么不同吗？”我的脸唰的一下红了，说不出话来。之后她耐心地告诉我这样做是不对的，这样练不好毛笔字，要静下心来认真练习。我认真地点点头。

还记得学校的教室光线不足，门窗也关不紧，乌鲁木齐的冬天那可是真冷呀。有一次，不知是什么原因，我咳嗽流涕，后来连饭也不想吃，只想睡觉，盖多少被子还是觉得冷，生活老师没经验，认为是感冒，休息一下就好。到了晚上，龚老师来到宿舍见到我昏睡不醒，浑身滚烫，就批评生活老师怎么不报告！又让他们赶快去医务室拿担架，把我送到军区医院，后面的事我就不知道了。病好之后听生活老师说：“你可把我们吓坏了，要不是龚老师，你的‘小命’还不知道能不能保住。”后来我才知道自己得了猩红热，这种病在当时真会死人的。从此，龚老师在我心里逐渐成了和妈妈一样的人。

那时，龚老师带着我们这些孩子，春天到学校后面的山坡上采野花，夏天在人民公园的小溪中捉泥鳅，秋天带着我们采集落叶制作标本，冬天又在教室前的空地上打雪仗。这些鲜活的画面仍留在我朦胧的记忆中，它帮我忘记想家的苦，也使我感到和老师、同学们在一起生活的幸福与快乐。

王成国大哥回忆说：1953 年夏，乌鲁木齐河发特大洪水，冲毁了西大桥。记得那天晚上，当洪水直逼西大桥东北侧的八一子弟学校时，李平校长亲自敲钟，命令全校师生紧急转移。高年级同学马上组成了护校队，拉着、背着低年级同学迅速登上红山。龚老师临危不惧，带领我们紧急登山，她不断清点人数，安慰大家，让同学们相互扶助，使大家很快就有序地到达了安全区。

1954 年秋，龚老师带领我们做游戏。她说，今天我们一起做个“割尾巴”的游戏。接着她把同学们常写错的字一一列出来，看谁发现的错字多，再看谁能改正过来，充分调动大家的积极性，把字中多余的“尾巴”割去，以增强同学们正音正字的能力，纠正平时写字常犯的“画蛇添足”的毛病。

龚老师还常请老刘伯伯等老红军给我们讲红军长征爬雪山、过草地的故事，激励我们好好学习，天天向上。她对我们这群随军成长的孩子进行启蒙教育，她给我们讲授“五爱”：爱祖国，爱共产党，爱军队，爱人民，爱劳动。她告诫我们“人民的利益高于一切”，教我们知识，教我们做人，她是关心疼爱我们的慈母，又是悉心照料我们生活的好阿姨。她以一个军人、教师、慈母的身份，在我们这群天真的孩子的心中播下了红色的种子。

母亲每当回忆起在新疆八一子弟学校的那些日子，也是满含深情地说：“新疆部队子弟学校有它的特殊性。有些学生家长远离乌鲁木齐，一年都难得来看望孩子一次。每到放假，看到家长们来接孩子，我就放心了。”

收集到的关于母亲与学生相处的故事还有很多，恕我不能一一列出。看到这一个个鲜活的故事，我激动得热泪盈眶。母亲确实是个好老师，她舍小家为大家，得到了师生们的尊敬和喜爱。

农村孩子的知心人

作为一名党员，一名人民教师，一名小学校长，母亲每天都在认认真真地践行“全心全意为人民服务”的承诺。母亲一直都严格要求自己，在山村教育工作的岗位上发光发热。

经过几年的艰苦磨炼，母亲对学生的爱更深了，对农村孩子也有了更多的了解。她成了农村孩子的知心人。

母亲到南陂小学不久，遇到这样一个学生，他叫刘岩恩，人挺聪明，就是学习习惯不好，不愿做作业。其他老师对他都没辙，觉得这孩子太懒太皮，无可救药，连班主任也不想管他了。母亲了解情况后，主动提出为他补课。可刘岩恩在约定的时间又逃跑了。“看看这孩子，就不是读书的料，你想叫他成龙，他偏要做虫！”班主任气得直嚷嚷。

母亲却笑着说：“他不愿意在学校补课，那我就去他家里，我就不相信他的心不能被我们暖回来！”第二天，母亲对刘岩恩说：“岩恩呀，今晚老师去你家给你补课。”刘岩恩一听，半信半疑，又一溜烟地跑了。

那天，母亲事情很多，忙着忙着，不知不觉就到了晚上 9 点多，哎呀，突然想起她与刘岩恩还有个约定，得去他家为他补课。她不顾天黑路远，拿了个手电筒，向刘岩恩所在的村庄——洋桥村走去。她到洋桥村都快晚上 10 点了。满天都是闪烁的星星，夜空太美了。可是，农村人睡得早，又是冬天，村里几乎一片漆黑。刘岩恩的家在哪呢？她在路上徘徊着。突然，她看见有间房子里亮着煤油灯，还传来了小女孩的歌声，母亲惊喜地跑过去，敲开了那户人家的门，原来是两个女孩在排练元旦文艺晚会的节目呢！两个女孩热情地把母亲带到了刘岩恩家。那时，刘岩恩早已经睡着了。当他母亲叫醒他时，他睡眼蒙眬地看着母亲，心里一热，忍不住用力地揉揉眼睛——没错，是龚老师来了！那一刻，他感动得眼泪都要掉下来了。从那以后，刘岩恩就成了一个努力、自律的好学生，逃跑、不做作业的事再也没有发生过。

母亲还有个学生叫刘金娇，8 岁失去了母亲，按照她家的情况，根本就没有机会上学。母亲找到她父亲并耐心劝说，让金娇去上学，又自己帮她交了学杂费。刘金娇终于进入了南陂小学读书。她家离学校较远，中午赶不及回家吃饭，于是早晨带饭去学校。她家里穷，早饭经常吃不饱，饭盒里的那点饭对正在长身体的孩子来说诱惑实在太大，走着走着，刘金娇就不由自主地把中午饭吃掉了，而中午只能饿肚子。一来二去，母亲发觉每到下午上课，刘金娇总是无精打采的。仔细一观察，她知道了刘金娇的秘密，从此以后，几乎每天中午母亲都会偷偷地把刘金娇叫到自己宿舍里，把自己的那份饭分出一大半给刘金娇。看到她没有文具，母亲就帮她买，衣服、鞋子破了就给她缝补。

刘金娇长大后，嫁到了我们村。多年来，她乐于助人，担任了村妇女主任，工作认真负责，她说是母亲教会了她怎样做人。

“人心都是肉长的，只要我们真心对学生好，学生哪能感受不到呢？”刘岩恩的转变，使母亲更加坚定了自己的教育理念，用爱心感动学生，用知识培育新人，做农村孩子的贴心引路人。

小　药　箱

在那个岁月里，老师经常带学生出去参加劳动，在劳动中难免会受点小伤，但不上药就很容易化脓感染。当年在流亡路上，淅川一中校医韩大夫教会母亲一些医疗护理知识，在这里派上了用场。

母亲自备了一个小药箱，买了一些外用药和常见病的内服药，自觉地当起了学校保健员，利用休息时间给学生们看病上药。

一天早操后，母亲检查学生寝室，发现一个学生躺在被窝里，瑟瑟发抖，小脸烧得红红的。她摸摸头，好烫啊。母亲问他有什么地方不舒服，他说头疼。看情况是重感冒，光吃几片药是不行的，得打针。因为没有交通工具，学校离公社医院又远，来回都要时间，她怕耽误孩子病情。母亲想感冒是常见病，应该有把握。她之前跟韩大夫学会了打针的位置和要点。于是，母亲买了药和注射器回来，她按照规定的操作消毒后，亲自给学生打了一针。第二天看到学生退了烧，她才放下心来。母亲又守了他一天一夜，还给他熬了稀饭吃，他很快就痊愈了。

就这样，母亲逐渐成为一个合格的兼职保健员。小药箱伴随着她度过了 18 个春秋。

1959 年，正是三年经济困难时期，物资匮乏，缺医少药。学生谢云林不幸染上了疟疾，大夏天冷得全身发抖，还要穿着棉衣晒太阳。由于家里穷，营养跟不上，更不要说去医院治病。家里毫无办法，他只能听天由命了。

母亲看到谢云林两天没来上课了，一打听，得知这个情况，她

急忙赶到谢云林家，说服他父母，连续几天带着谢云林去县城医院进行化验和治疗，还帮他交了所有医药费用。医生说如果晚来两天，他就有生命危险。

谢云林出院后，由于家庭困难无法保证营养供给，身体依然虚弱。母亲隔三岔五去送食物，有时几个鸡蛋，有时几两肉，有时半斤糖，在母亲的关照下，谢云林的身体逐渐康复。

家　　访

母亲是个闲不住的人，更是个闲不住的老师。一有空，她就走出校门，到村民家里和大家交朋友，了解大家对教育工作的想法，了解学生在家里的生活、学习情况。可以说，家访是她能够做好教育工作的一大法宝。

只要是母亲的学生，她就会不止一次地踏进学生家的大门，哪个学生家里有什么困难，哪个学生家里需要什么样的帮助，她都了如指掌，而且会对症下药。

1958 年，有一个家住南岭乡的小伙子，他身体好，从小就梦想成为一名军人。招兵时，他和家人说出了自己想入伍参军的想法，他父母坚决反对。那段时间里，这个学生闷闷不乐，无精打采。母亲看到他这副模样，默默记在了心里。为了帮助这个学生，母亲邀请在学校代课的老师一起去这个学生家里进行家访。当两个人好不容易赶到南岭乡找到学生家时，才知道他父母都去干农活了。一个热情的邻居带他们在田间找到了他父母，当得知两人是来劝说让他们儿子参军时，他们明显一副不高兴的神色，认为孩子的去向是自己的家事，老师没有权力过问。母亲耐心地听家长诉说着，一直到家长不说话了，她才接过话来。她把自己参军的经历和孩子参军的好处详细地讲给他们听，然后说根据孩子的身体条件、学习情况和家庭状况，如果参军，不仅能够减轻家庭负担，而且在部队这所大学里可能会更有出息！这一席话后，他父母觉得老师说得合情合理，完全是出于对自己孩子的关心。最终他们同意让孩子去参军。果然，这个学生参军后，在部队表现出色，很快就提干了。

母亲不仅关心学生们的学习、生活情况，给予他们力所能及的帮助，还非常注重学生的思想情绪的变化，有的放矢地做好思想政治工作。她常说："只要思想不滑坡，办法总比困难多。"

还是在南陂小学，她教五（一）班的地理课。连续好几天，她发现坐在后面的高个子学生，上课无精打采，还经常打瞌睡。老师布置的作业也是马马虎虎完成，后来就干脆不做作业了。其他几个任课老师说了好多次都没有效果，也就听之任之了。母亲了解情况后，心想:不能放任自流,浪费孩子的青春。只要有一丝希望就要尽百分努力。于是下课后，母亲把这位学生叫到办公室，想不到她还没开口，这位学生就对她说："老师，你不用管我，我没学好不会怪你，你还是多花心思把其他同学教好吧。"看着他一副倔强的样子，母亲一时还真没有什么好办法，心想其中一定有原因。下午放学后，母亲决定到这位学生家进行家访，先了解一下他的家庭情况，再考虑如何进行教育。

为了尽可能多地了解情况，在去家访的路上，母亲叫了一个跟那位学生同村同班的同学一起走，两人边走边聊，顺便向同学打听这位学生平时与其他同学的关系情况。还没有进学生家的门，她就闻到了一股浓烈刺鼻的中药味。母亲在门口叫了几声，听到里面有微弱的回应声，她轻轻地走了进去，只见房间里一片阴暗，东西杂乱无章，非常简陋。靠墙角的床上躺着一个中年妇女,床上垫的稻草又少又乱，被子又薄又旧，不知打了多少补丁。中年妇女想坐起来，母亲赶忙去搀扶她，要她继续躺着。一问才知道这位中年妇女就是高个子学生的母亲，便和她拉起了家常，母亲慢慢地摸清了这个学生的家庭情况。原来，学生的父亲病逝得早，他母亲又常年多病，不能干活。他既要照顾母亲，还要忙农活，假期还要跟着大人们一起去生产队挣工分。家里实在没钱帮母亲买药时，夏天他就贩卖冰棒赚钱帮母亲抓中药。

母亲在心里暗暗责备自己，这个学生的家境如此困难，自己和老师们却毫不知情，说明自己的工作还不够仔细，对学生的关心还不够。她把口袋里的钱全掏出来，强行塞到学生母亲的手里，并说道："是我错怪了孩子，你别着急，慢慢养好病，让我们一起想办法，没有过不去的坎，相信我们的日子会越来越好的。"接下来的日子里，她定期给他们家送去粮油和钱，并且在征求校委会的意见后，免除了这个学生的学费。

渐渐地，这个学生越来越活泼，在课堂上很少打瞌睡，作业也能认真完成。第二个学期开学时，这个学生高兴地告诉母亲："老师，我现在终于可以安心读书了，妈妈的身体基本上好了，能下地干活挣工分了，她要我好好读书，说是您给了我们帮助和希望。谢谢老师！"母亲摸着孩子的头，如释重负地说："老师相信你一定会好好学习的。"从此，这位学生勤奋努力学习，成绩迅速提高，后来考上了大学。

传授新人

根据农村教育工作的特点，大村庄办起了民办小学，方便学生就近上学。南陂分别建起了三所民办小学。

沿背村民办小学的老师，都是经过村民选拔的刚刚参加工作的或是没有任何教学经验的高中或初中毕业生。民办学校的老师不拿工资拿工分，男女老师的待遇不一样。男老师拿生产队男劳力的标准工分，每天记 10 分，女老师跟生产队女劳力一样记 6 分，由村庄统一记分。老师都是本村人，一般下午学生放学后就回家了。

母亲的学生陈满娇深情地回忆说：我从小是在龚老师的教育下成长的，老师既把我当学生，也把我当孩子。1967 年，我的父亲身患重病，家里四个哥哥都在上学，根本没钱送父亲去医院治疗，我因此辍学在家。龚老师得知情况后，赶到家里做母亲的工作："小孩上学不能耽误，女孩子更要读书，家务活让她放学回家帮你做，有什么困难一起想办法，办法总比困难多。"龚老师不仅让我重新回到了课堂，读到初中毕业，还帮助我父亲住进了医院。

我初中毕业后，有幸成为沿背小学的代课老师。村里办学条件非常简陋，开始学校把一栋很破旧的榨油房作为教学楼，龚老师看到后找到校领导说："这是一栋危楼，怎么能让孩子在这样的环境中学习呢？" 后来学校把教室搬到沿背村一个有几间空房间的旧房里。

我刚刚走上讲台，不知道怎么备课，更不知道如何才能上好课。连续几节课，我站在讲台上都不知所云。龚老师没有批评我，而是跟我一起备课，然后将我们两个人的备课本放在一起进行对比。我发现龚老师的备课本整整齐齐，她在备课本中将课文的背景、过程、目的都说明得非常详细，同时在多音字上注好音，特别标明容易写错的字。龚老师言传身教，使我懂得备课就是要把教科书上那些生硬的文字演变成生动的画面，然后用自己的语言通俗易懂地讲述给学生，学生听得懂，学得快，更容易接受。学生有兴趣，才能学到知识。

为了使我有更深刻的认识，龚老师要我在课堂上讲授《纪念白求恩》这篇课文。我依葫芦画瓢，照本宣科地讲了一通后，还不到半节课就无话可说了，只能站在讲台上发呆。第二天，龚老师在另外一个班也讲授《纪念白求恩》，要求我去旁听。龚老师从白求恩的生平事迹入手，使同学们对他有个基本了解，接着阐述了毛主席写这篇文章的背景，再和大家分析发生在自己身边的那些自私自利的人和事，让同学们在讨论中明白是非。龚老师讲完课后，大家学习到了一个人的能力有大小，但只要能够做到毫不利己，专门利人，就是一个高尚的人，一个有道德的人，一个有益于人民的人。

在龚老师的细心指导下，我刻苦努力学习，教学水平有了一定提高，也越来越喜欢教师这个职业。我在沿背小学教了10年书，得到了恩师的教诲，我感到非常光荣。

同事的知心人

1971 年，按照上级的要求，学校要开设英语课，没有英语老师。就是全县各个学校也都缺英语老师，怎么办？母亲主动请缨。母亲在读高中时学过一些基础英语，在大学时也选修了外语，虽然丢了这么多年，但母亲觉得自己可以先试试。校委会的同志们看到她身兼数门课，如语文、历史、政治、地理，忙得不可开交，但又没有其他办法，只好让她担任英语老师。自此，她身上又多了一项艰巨的任务。为了教好英语，她全身心投入工作中。她边学边教，在宿舍里，在校园的角落里，在清晨，在夜晚，到处都能听到她诵读英语的声音。功夫不负有心人，慢慢地，她找到了英语教学的规律，得心应手起来。一个学期后，她所教的班级取得了较好的英语成绩。一年后，她教的班级英语成绩在全县名列前茅。

1958 年，母亲有位同事叫刘英汉。他于 1957 年考取了广州华南理工学院，却在学校体检时被查出患有肺结核，按规定需要休学一年，仍可保留学籍。经过半年多的治疗，他已经痊愈。于是他将诊断结果寄给华南理工学院，准备复学。然而阴差阳错，学校的通知书却没有送到刘英汉手中。

在一次闲聊中，母亲得知这一情况，就鼓励刘英汉去一趟学校，说明原委，看看能否继续读大学。看着刘英汉犹豫不决的样子，母亲说："学校代课的事你不用担心，我们会商量解决，你去读大学是大事！"刘英汉既不能回绝母亲的善意，又不能贸然去广州申明原因，只能沉默以对。因为他的母亲体弱多病，不能下地，妻子怀孕在身，他不能去读书。

一个星期六的中午，刘英汉正准备回家，母亲满脸笑容地找到他说："准备回家呀！我还是想劝你回家跟家里人商量一下，去一趟广州，我想一定能办成！这里有 30 元钱，拿去做路费，请你收下。"刘英汉简直不敢相信自己的耳朵，回过神后说道："龚老师，钱我不能收，家里能不能同意我去广州，我没把握。"母亲说："有了路费，家里人不会不同意的！"刘英汉心想，不就是因为家里缺钱，我才不敢去学校申诉吗？于是，他收下母亲的善意，说："待我回去试试！"

可是，刘英汉父母还是不同意他去广州，因为去广州往返车费需要将近 70 元，即便有了去的路费，万一学校不同意复学，从广州回来的路费又如何解决呢？家里实在无力凑齐这笔路费。那时，70 元钱可是一个农民一年的收入啊。

回到学校，刘英汉向母亲说明他父母的谢意并将 30 元钱还给母亲。"怎么啦？家里不同意？"刘英汉回答说："您的心意我们一家人都领了，家人商量了一下，广州不去了，这 30 元钱还给您。"母亲又将钱推回给他说："不能去广州，钱就留给你明年再报考大学，一定要读大学！"尽管他再三推辞，母亲还是执意给他。她看出了刘英汉的心思，便说了一句让他下台阶的话："钱你留着用，等你以后大学毕业有了工作再还不迟。"话说到这份上，刘英汉不得不将钱收下。

1959 年，刘英汉又一次准备参加高考。他白天坚持教学，晚上加班加点复习，暑假时终于被江西大学录取。他特地去坊楼中学把这一喜讯告诉母亲。

在大学里，刘英汉始终怀着一颗感恩之心努力学习，严格要求自己，成绩很好。1960 年，他光荣地加入了中国共产党，大学毕业后留在学校教书。他第一个月的工资是 42.5 元，他留下 12.5 元作为生活费，把 30 元寄还给了母亲，并写了一封感谢信。没过多久，钱

被退回来了，他还意外地收到了母亲写给他的信。一看，一切都明白了！母亲在回信中说：“你寄来的 30 元钱，已经通过邮局退回给你，望查收。借钱给你，还钱给我，不是我的本意。我是想用这微薄之力，帮助你摆脱困境，希望你顺利完成大学学业，将来为国家多做贡献！你现在学成留校任教，我很欣慰，祝贺你！希望你在大学里培养出更多的人才，这就是对我最好的回馈。”在大学里，刘英汉刻苦钻研专业知识，取得了丰硕成果，被评为教授，学科带头人。

刘火郎老师是我小学的任课老师。

刘老师说：我与龚老师相处的时间有 11 年之久，在这 11 年里，其中一年半，我在九都（现坊楼）初中读书，她是我的老师；七年半我在南陂小学教书，她任校长，她是我的领导；另两年，我在琴亭小学任校长，那时她早已退休了，在县城居住，当时，我聘请她出任琴亭小学的名誉校长，她又是我的参谋。总之，在这 11 年里，龚老师给我的关爱令我终生难忘。

在她的介绍下，我于 1964 年 8 月加入了中国共产党，1969 年下半年，我走上了学校领导岗位。我先后在全县六个乡（镇）当了 30 年的小学校长兼公社文教干事、乡（镇）教办主任。记得我离开她那年，她送给我一本书《怎样当好中小学校长》，那时，她还语重心长地对我说:“火郎,在今后的工作中,除了读好用好这本书外,还要警惕‘财’和‘色’两个字。”在 30 年的校长工作中，我始终牢记老校长的谆谆教导，时时规范自己的行为。

我因家庭贫困，初中只上了一年半就辍学了，我的学历加上 1960 年在县师训班培训的时间，也只能算是初中肄业。我在南陂小学任教时，龚校长常对我们老师说：“要给学生一杯水，自己得储备一桶水。”因此，她对老师的进修学习，特别是学历不达标（师范没有毕业的）老师的函授进修抓得很紧，要求非常高。在她的督促和指导下，几年里我通过自学、面授、考试，1966 年 1 月获得了吉安师范学校颁发的中师语、数函授结业证书。

我在南陂小学教书时，正遇国家困难时期，物资紧缺，生活用品学校都是统一分配。那时，我是学校最穷的一个老师，每月工资 20.5 元，仅有两件破衣服。当年我从罗市公社的黄陂小学调到南陂小学任教的头一个学期，有关部门给学校分配了六尺蓝沙卡布，龚校长给了我。第二个学期分配了一双解放鞋，龚校长又给了我，此后每个学期的福利补助都有我的份，而且是一等。1964 年冬，我结婚向她请了两天假，离校时她往我口袋里塞了 20 元钱说 :“火郎，拿去给新娘子买件衣服。”顿时，我热泪盈眶。就在前年，我遭受老来丧子的沉痛打击，龚校长得知后，曾三次跟她的女儿甘公荣光临寒舍慰问，她的二女儿甘仁荣和其学生陈满娇得知情况后，也曾登门慰问。龚校长待我在政治上、工作上、学习上、生活上如此关爱，可以说，她不是我的娘，胜似我的娘。所有这些，我受之有愧，难以报答，只有祝福她老人家健康长寿，她永远值得我感恩和崇敬！为了表达感恩和崇敬之情，我早已在客厅里悬挂了 1996 年和 2016 年两张我与龚老师的合影照片，并在照片两旁各撰写了一副对联。第一副对联，上联是“甘祖昌将军解甲归田闻名世界”，下联是“龚全珍同志俭朴奉献誉满神州”。第二副对联，上联是“弘扬甘祖昌将军革命精神跟党走”，下联是“学习龚全珍同志先进事迹奔小康”。

1968 年，郭新民老师从江西大学化工系毕业。当时能够从农村考入江西大学，那是非常不容易的。在大学里他是何等的意气风发，自认为前途无量，准备要干出一番大事业。

想不到毕业分配时，他被下放到生产建设兵团。后因他是莲花人，又被分配到莲花县坊楼公社南陂小学当老师。那时他非常痛苦，感觉自己被“打入冷宫”。在大学读的不是教育专业，却被分配到这么偏

僻的小学教书，真是大材小用。那时他的情绪低落，无心教书。平时很少备课，也很少与其他教师交流。上课三心二意，马马虎虎，一副破罐子破摔的模样。母亲看在眼里，很理解他的心情，只好等他慢慢地适应新环境。

一天傍晚，母亲找到他说想去一个学生家里家访，晚上一个人回来有点害怕，让他陪着一起去。在路上，母亲和他拉起了家常，又和他聊起了自己。那天,他才真正了解母亲的人生经历。听到这一切，他才如梦初醒，原来龚校长不仅是将军的夫人，还是中华人民共和国成立前的西北大学教育系的高才生,她和甘将军放弃优越的城市生活，扎根农村，为山区的教育事业贡献自己的力量。而自己是从农村走出来的农家子弟，只不过有个大学文凭，回到自己的家乡从事教育工作又有何妨?

看到郭新民老师的态度有了个 180 度的大转弯，母亲决定趁热打铁，又向他介绍自己这些年平时是如何备课、上课的，又是如何教育学生的，还有如何从教育中获得人生乐趣等。想不到看似简单的教书，竟然还有如此大的学问在里面。他感到自己一个大学生，如果不努力钻研，未必能胜任这份工作。

在接下来的日子里，他仔细观察母亲在学校的情况。了解到母亲离家很近，却坚持吃住在学校；备课、上课、辅导学生都是一丝不苟，她每天笑容满面，快快乐乐。他决心要和母亲一样安下心来，扎根农村教育。

后来，郭老师成了学校的一名骨干教师；再后来，他还担任了县教育局的领导。

谢春姬老师回忆说：1969 年冬天，我刚刚生完小孩，在感受到寒冷的同时，更感觉到生活的无助。我平时就体质虚弱，尤其是生完孩子，脸色苍白，奶水严重不足，孩子因饥饿整日整夜地哭闹着，怎么办？我无助地躺在床上以泪洗面，全家人束手无策。尽管大家都知道产后的人急需补充营养，恢复体力。可是那个年代，肉、奶、蛋等大补食物都要凭票，而我连张红糖票都借不到。

龚校长知道我家生活困难，更知道我平时就营养不良，现在生了孩子身体肯定很虚弱。她克扣自己家里的票证，帮我渡过难关。产后第三天，她为我送来了蛋票和肉票，还买了一包红糖，并反复交代我丈夫，隔三岔五地买点肉和蛋给我补充营养，有什么困难告诉学校，他们一定会想办法解决。像这样的事例还有很多，学校的女老师结婚生子，都同样感受到了温暖。

离休不离岗

“离休不代表离岗，为党工作是我的本分。关心教育，捐资助学，就是延续祖昌建设美好家乡的梦想。”

1975年，为了照顾父亲，母亲不得不提前三年离休。回到家，她不仅成了父亲的全职“保姆”，还担任了孙子、孙女的校外辅导员，辅导他们的学习，这也吸引了村里的一些孩子，慢慢地，到家来学习、做作业的孩子越来越多。母亲不仅辅导他们学习，还做包子、馒头给他们吃，在农村这是吃不到的稀罕物，让这些孩子记忆深刻。他们至今还在念叨母亲做的包子、馒头真好吃。

1986年，父亲病故后，母亲觉得自己身体还好，还可以为社会、为他人做点力所能及的事情，她想到了莲花县幸福院。一天，她打电话告诉我说：“我要搬到幸福院去住。”我当时不太理解，也感到不安：“我们姐妹四个都欢迎你，只要你高兴，愿意跟谁就跟谁。要住到幸福院去，我们的面子往哪里放？别人还会以为我们不孝顺呢！”

可是母亲坚持要去，她说：“做做家务，教教孙子，这样的日子当然也不错，但我总感觉过得不充实、不踏实。你们的爸爸像我这个年纪时，还在劲头十足地干农活呢！”

原来，她是牵挂幸福院里无儿无女的老人，她想趁着自己还能做点事，到幸福院去当服务员，陪伴他们、照顾他们。另外，幸福院与琴亭小学仅一墙之隔，住在幸福院，她去学校就方便了，也方便了解孩子们的学习情况，及时给他们提供一些帮助，因为她是琴亭小学的校外辅导员。

母亲的幸福学习小组

1992年，母亲住进了幸福院，在那里忙里忙外，搞卫生、捡煤球、种蔬菜，帮助老人洗衣缝被，样样都干。她看到几个孩子下午放学后在马路边玩耍，很不安全，就义务办起了“幸福学习小组”，辅导孩子们学习。直到1997年她才搬离幸福院。

1993年，母亲担任了莲花县关心下一代工作委员会主任，加入县镇两级的老干部宣讲团。20多年间，记不清她去了多少学校、社区、机关、部队、厂矿，讲过多少堂革命传统教育课，但大家都记得她从不要一分钱报酬，还自带馒头当午餐。

听一位在坊楼政府工作的同志讲：一次母亲和刘奉斌同志以县关工委领导的身份去坊楼镇检查工作，中午用餐后，他们自觉交伙食费。联想到当年有些干部下乡用餐从不交伙食费，被检查单位还要为其购买牙刷、牙膏、毛巾、雨伞、雨鞋、香烟等，看到这两位老同志用餐后自觉交伙食费的情景，个个竖起大拇指说：“这就是老干部的本色。”

在父亲逝世后，母亲从她的工资中捐出了10多万元，资助了上百人。我知道母亲回到农村后，就一直在竭尽所能捐资助学，帮助困难群众。刘火郎老师也说他在琴亭小学工作时，母亲资助琴亭小学的学生就不止 100 人，而是几百人。

母亲总是说：“属于我的时间不多了，所以要更加珍惜宝贵的时间，多做对教育，对群众有益的事情。”

赠　　书

母亲喜欢阅读。《毛泽东选集》、党史、传记、养生保健、文摘类刊物她都看。看完后，大多刊物她都送了出去。她送出的书有四个去向：一是亲戚朋友，二是学校，三是贫困学生，四是龚全珍工作室。

2002年的冬天，天气格外阴冷，县关工委安排母亲到琴亭镇凫村中学主讲一堂革命传统课。讲完课后，母亲在学校里转了一下，看到学生们的课外生活非常单调，学校里没有运动场，更没有图书室，学生们下课后只能在教室里打打闹闹。看到这一切，她心情很沉重。这样下去怎么能抓好孩子们的教育呢？在回家的路上，她一直在思考。

几天后，她终于想到了一个办法——给学校捐赠一批课外读物，这样既可以丰富学生们的课余生活，又可以提高学生们的阅读能力，一举两得。

想到的事情就要立即去做，这是母亲的一贯风格。这天她吃过早饭，就到县城的几个书店挑书。后来她又来到儿童读物多的三味书店，精心挑选了一些适合孩子们阅读的童话、寓言等书籍，一结账发现还不到300元，她就把自己身上的钱都拿出来，数了一下总共412元，于是她请书店老板帮忙再挑选一些，凑齐400元，剩下的零钱要坐出租车送书。

图书买好后，母亲走到街上去叫出租车，连问了几辆出租车都说要15元。最后，她问了一辆摩的，只要7元，她大喜过望。摩的没有雨篷，那么冷的天，她也不管那么多，用围巾捂住头，就坐在摩的上将一大捆图书送到凫村中学。

到了学校一打听，校长不在。她原本计划要和校长交流一下，然后再步行回家。现在看来见不到校长了，于是她简单地告诉了学校的一位老师，然后又坐摩的回了家。

第二天，皂村中学的刘校长通过县关工委找到母亲，在表示感谢之后，还表达了要请母亲去学校举行一个赠书仪式的愿望。母亲立即拒绝，说自己赠书是希望学生们有学习读物，而不是要宣传自己。明白她的意思后，刘校长接着说，通过赠书仪式能够更好地激发学生们读书的积极性，对孩子的教育很有帮助。母亲一听，也不无道理。她想如果自己去学校举行一个赠书仪式，至少学生们会知道学校里来了一批图书，或许真的能够激发学生们读书的积极性。犹豫再三，最后，母亲同意了并和校长约法三章：不吃饭、不占用上课时间、不到家里接。

赠书的那天早上下起雨来，母亲想，学校没有礼堂，赠书仪式应该不会开了。然而，不一会儿，刘校长打电话过来，说教委有车子去学校，顺便来接她。母亲只好无奈地摇摇头。

想不到，教委的车子上坐了三个人，一问他们竟然分别是县委宣传部、教委和广播电视台的，看这架势是要宣传自己了。母亲有点后悔，心里在暗暗责备自己考虑不周，以后赠书的话要尽量谨慎，自己不能出风头，更不能浪费别人的时间。

他们一行到达学校后，雨停了，赠书仪式就在学校的露天操场上举行。仪式很快完成了。天气非常冷，有一些同学自发地拿着书，围着母亲要签名。母亲看着一张张生气勃勃的小脸，尽管天冷，手抖个不停，也顾不上那么多，一笔一画在孩子们的书上签了名。

中午，学校安排了简单的工作餐。但是，母亲这回却不依了。只见她哆哆嗦嗦地从随身所带的包里，拿出早晨在家里吃剩的面条，然后要校长弄一点开水过来倒在面条里，她就这样吃得津津有味。

办漫画展

母亲虽然退休了，但是那颗热衷于教育事业的心依然如故，甚至有增无减。2003 年，莲花县开展爱国主义教育活动，母亲当仁不让地成了主角。

她发现孩子们不喜欢空洞、抽象的说教方式，对于大道理更是不感兴趣。怎样才能抓好孩子们的德育教育呢？经过很长一段时间的观察和总结，母亲发现孩子们喜欢生动直观、寓教于乐、形式多样的教育方式，于是决定通过尝试举办漫画展来丰富活动内容。

要寻找契合少年儿童的漫画实在有些困难，母亲连续几周都待在县图书馆里，甚至带两个馒头作为午餐。一张张报纸、一本本杂志，她都认认真真地浏览，并反复比较，直到挑选到最满意的作品为止。她几乎将图书馆里所有报刊都浏览完了，却只找到 60 余张合适的。她决定借助同学、战友、同事们的力量，一个个电话打过去、一封封信寄出去、一次次登门走访，目的只有一个：找漫画。

一个夏日的早晨，她敲开了老彭家的大门，这让老彭既诧异又感动：诧异的是老彭虽是个作家，平时喜欢藏书，但是他和母亲没有什么来往；感动的是，母亲 80 岁了，却还在为了孩子们的教育自费筹办漫画展。在老彭的协助下，母亲找到了 6 幅漫画。她非常高兴，非要请老彭去外面的餐馆吃饭，老彭坚持不去。下午，她又到新华书店买了两本新书送给老彭。

经过近两个月的筹备，2004 年国庆节前夕，由母亲自费举办的“未成年人思想道德教育漫画展”在县城的琴亭中心小学如期展出。漫画展分为“鲜艳的红领巾”“社会的责任”“引导、教育、思考”“蔚蓝的天空”等9个板块，共100余幅作品。这些漫画内容十分丰富，涵盖成长、学习、生活、理想、信念等各个方面，加上形式多样、通俗易懂、寓教于乐，立即吸引了孩子们的眼球，前来参观的孩子络绎不绝。连母亲自己都没有想到，一个小小的漫画展竟然收到这么好的效果。在县关工委的协助下，母亲决定把漫画展送到乡下的学校展出，她还自己担任讲解员，为孩子们讲解每一幅漫画在现实生活中的含义。她那通俗易懂的语言，朴素的道理，让孩子们深受教育和启迪。

漫画巡回展结束后，母亲瘦了很多，口袋里的钱也所剩无几，但是她却越来越精神，她认为自己的付出有价值，并乐此不疲。

关心职校教育

母亲很赞赏职业学校的办学模式，让考不上大学的孩子在这里学会一技之长,同样可以很好地服务社会。她想了解这类学校的情况，便找到职校的领导和骨干老师，详细了解职校教育状况和发展方向。校长黄玉梅全面细致地介绍了职校的情况。母亲得知职校面临的主要问题就是家长和学生存在偏见：一是认为上职校名声不好；二是认为在职校学不到东西。家长们宁愿让孩子去干苦力，也不想让孩子上职校，以至于学校生源少。母亲说自己之所以到职校来，就是想力所能及地宣传职业教育，让更多的孩子到职校来学一门技能。同时，她也表示自己会想方设法帮助职校的学生解决就业问题。

母亲把在职校拍的照片冲洗出来，随身带着，只要有机会在县里开会或宣讲，她就大力宣传职校的优势和发展前景，要与会的同志也多宣传职校，关注职校，助力职校的发展。她还特意在职校举办多次革命传统教育讲座，告诉学生们要不甘平庸，奋发图强，在平凡的工作岗位上依然可以做出不平凡的业绩。她还把父亲在长征途中的故事讲给大家听，让学生们深受教育。

有一次，母亲和南昌大学原食品科学系党支部书记刘英汉教授聊天，得知他退休后已先后撰写出版了四本关于农村实用技术的书。母亲看到一本叫《山茶花盆栽与繁育技术》，仔细翻阅后，便认真地询问刘英汉栽种山茶花是否能作为农民脱贫致富的产业来扶持，得到肯定的回答后，她又问要多少投资，技术问题如何解决，效益如何等。刘英汉告诉她，山茶花是中国传统名花，也是世界十大名卉之一。改革开放以来，江苏、浙江和福建等省均有大量繁殖栽培。农民靠栽种山茶花、种树苗等脱贫致富，栽种山茶花成为当地农民的支柱产业之一。母亲听到后非常高兴。后来，她认真地向县里一些相关单位提供了上述信息，并邀请县职业学校校长黄玉梅一起当面向刘英汉教授咨询商量此事。职校最终增设了这门课程，让职校的学生们掌握栽种、培植、管理等技术后回乡创业。

“警毓楼”里的欢笑声

2017年6月1日上午，我陪同母亲来到莲花县城北小学“警毓楼”，和这里的孩子们一起庆祝国际儿童节。

经了解，2007年由上海德仁基金会捐助30万元兴建，作为当时全省唯一的扶贫助孤试点工程“德仁苑”，在莲花县琴亭镇城北小学实施。其目的就是帮助莲花县各地的家庭经济特别困难的孤儿、单亲儿童，解决生活、学习等费用，帮助他们顺利完成小学阶段学业。上海德仁基金会每年给予一定的资金保障“德仁苑”的正常运转。后来，由于种种原因，上海德仁基金会资金紧张，供应不上，在2016年，萍乡市公安消防支队接过了助学接力棒，并将其命名为“警毓楼”。

母亲非常牵挂这里的孩子，经常询问学校和孩子们的生活、学习、思想情况，并经常自费购买文具送给孩子们，还和孩子们一起讲故事、做游戏，孩子们亲切地叫她奶奶。

这不，这天一大早，我陪母亲来到学校里，和留在学校里的孩子们一起过节。“小朋友们，你们好！今天，我们来和你们一起欢度‘六一’儿童节，好吗？”“太好了！”“你们高兴吗？”“高兴！”孩子们大声回答着，还使劲地鼓掌。母亲走到孩子们中间，拉拉这个孩子的手，摸摸那个孩子的头。“小朋友们，你们是祖国的花朵，祖国的未来，你们一定要好好学习，做一个有出息的人，将来为祖国做出自己的贡献。”孩子们认真听着母亲的话，一张张笑脸兴奋不已。“孩子们，今天是你们的节日，有什么心愿呢？大声告诉我，奶奶有奖励哦！”“哇，太好了！”“龚奶奶，我说——”“我说——”孩子们争

母亲看望慰问"警毓楼"里的孩子们

母亲与"警毓楼"里的孩子拥抱在一起

先恐后地说出自己的心愿。母亲在小本上认真地记下了孩子们的心愿。

尽管年事已高，天气炎热，母亲却依然兴高采烈，神采奕奕。她不顾学校领导和老师们要她休息一下的请求，坐在孩子们中间，和孩子们一道兴致勃勃地观看了“警毓楼”庆“六一”联欢会。母亲为孩子们精彩的表演鼓掌。

联欢会结束后，母亲和志愿者们为每个孩子送上了节日礼物，并和孩子们一起分享了节日蛋糕。

红色小屋

2016年甘祖昌红军小学创立后，母亲非常重视，把这里的孩子们当作自己的孙辈。她深知红军小学寄托着全县人民对革命先烈的怀念之情，办好红军小学，可以更好地让下一代传承红色基因，做时代新人。母亲认为自己有责任，也有义务做好传帮带，让下一代茁壮成长。

2017年9月30日下午，红军小学为留守儿童创办了活动室——留守儿童之家，他们邀请母亲给留守儿童讲父亲参加革命的故事。她的声音亲切而有力量，师生们都受到了深刻的教育和鼓舞，母亲还鼓

母亲与甘祖昌红军小学的孩子们其乐融融

励他们不要抱怨、不要气馁，她会一直关心、关注他们的成长。

活动结束后，母亲给“留守儿童之家”捐赠了大批图书，希望孩子们能认真从书本中汲取知识和营养。

两个月后，在江西省工商局机关党委、龚全珍工作室、甘祖昌红军小学三方共同努力下，甘祖昌红军小学“留守儿童之家”扩大成“龚全珍红色小屋”。这里有图书、玩具、体育用品等，更有学校老师经常来这里跟孩子们谈心，为留守儿童过生日，“龚全珍红色小屋”成了留守儿童成长的乐园。

2018 年 5 月 29 日，甘祖昌红军小学“六一”儿童节文艺演出之际，母亲又一次来到学校，在台上，系着鲜艳的红领巾的母亲用轻快高昂的语气说道：“孩子们，看到你们，我好像也变成儿童了，我好像和你们一样在庆祝少先队员自己的节日，祝大家健康快乐，学习进步！”台下响起了雷鸣般的掌声。那一刻，年过九旬的母亲在所有人眼中或许真的成了一位活泼可爱的孩子。

教师节寄语

2017年9月10日，在第33个教师节到来之际，莲花县城北小学组织青年教师代表来到家里与母亲共同庆祝教师节。

青年教师们围坐在母亲身旁，聆听她的教诲，已经90多岁高龄的她，思维依然非常清晰，她说："教师是一个崇高的职业，教师要热爱三尺讲台，热爱孩子们，努力把一代代少年儿童培养成为全面发展的社会主义栋梁。"

在谈起现在的教育状况时，她说："现在有许多的留守儿童，他们的父母不在身边，大多数是跟着爷爷奶奶生活。可是爷爷奶奶又管不住孩子，该怎么办呢？只有靠我们这些老师们多付出一些爱心，不仅要关心学生的学习，还要关注学生的思想动态，关爱学生的心灵。"老师们静静地聆听着，没有想到90多岁的老前辈，依然关注、关心着教育，而且对教育现状了解得如此清楚。

母亲越说越激动，仿佛自己又站在了三尺讲台上，挥洒教书育人的激情和汗水。"现在从农村来县城读书的孩子越来越多了，一个班的人数也越来越多了。我们老师要付出更多努力和精力，才能教育好我们的学生。老师对留守儿童的教育最好是一个一个地细心教育，因为他们缺少父母的关爱，我们老师要尽量去弥补这个缺憾。既要让留守儿童体验到学习的快乐，也要让他们体验到父母一样的关爱。"母亲抬起头来，微笑着看了老师们一眼，"现在，我们老百姓都想让孩子从小受到良好的教育，所以，我们的老师要乐于奉献，要扎根基层，要勇于担当社会责任。我相信，只要我们大家都能兢兢业业地工作，我们的学生就是幸福的，我们的教育就是光荣的！”

母亲的一席话，让在座的老师们如沐春风，增强了他们教书育人的信心和决心。

日　　记

2013年5月下旬，许多媒体拿出重要版面、时段报道母亲的事迹。5月23日，在记者集体采访见面会上，母亲走进了50多名记者的视线。她身体状况很好，说话风趣幽默，中气十足，记者们不时发出会心的笑声。他们了解到母亲喜欢看小说，坚持写日记。从那一刻起，就有记者提出从母亲日记中挖掘新闻素材的想法。在征求母亲和家人意见

母亲的日记本

时，母亲对我们说："日记是写给自己看的，想到什么就写什么，自然牵扯到方方面面，油盐酱醋，琐琐碎碎，干巴巴的，内容不吸引人，没有多大价值。《雷锋日记》我读过，他是模范，所以他的日记公开了。我只是一般老百姓，想的事情、做的事情都很平凡，我怕我的日记对不起读者，看了浪费读者的时间。"母亲也对记者们说："我是一个平平常常的人，就是一个普通妇女，没什么拿得出手的。"后来大家耐心做母亲的工作，告诉她日记既是她个人私有财产，更是党的宝贵精神财富。母亲笑声爽朗："其实日记里也没什么大不了的隐私，如果说对教育下一代有点作用，就拿出来吧。"母亲将现存的40本日记全部移交《江西日报》的江仲俞记者暂时保管，并写下了授权书，授权《江西日报》整理刊载她的日记。江记者接过这40本日记激动地说："龚老，这些日记不仅是您心血的结晶，更是您的心路历程的记录，这是党的宝贵精神财富啊！"

这些日记本是我退休后，在家里帮母亲收集起来统一存放在一个纸箱里，没有得到母亲的许可，我们都不敢看。移交日记前夕，我们姐妹突击翻看母亲的日记本，非常惊讶，日记里面有很多我们小时候的事，我们都忘了。

40本日记，时间跨越半个世纪，只用了半个多月时间，报社就整理出了近12万字的日记，从6月17日开始，《江西日报》先后用16个版的大容量刊载《龚全珍日记选》，在读者中引起了强烈反响，人们通过这些日记，更直接、更真实地了解了母亲的精神世界，感受了一名共产党员信仰的力量和本色的魅力。

为老伴写书

父亲是个老红军，先后参加过井冈山斗争、五次反“围剿”、长征、抗日战争和解放战争。为了党和国家的事业，他多次负伤，一直在部队做后勤保障工作，是闻名全军的铁脚板和铁算盘。他为人实在、低调，虽然是部队的大干部，但是一直不改艰苦朴素的生活作风，与部队战士同甘共苦。母亲内心非常敬佩父亲，母亲一直有个梦想，就是要把父亲一生的心路历程撰写成一本书，作为留给子孙后代的精神财富。于是母亲到各地去找父亲的战友了解父亲早年参加革命的情况。

1992 年，她去莲花县幸福院居住了近五年，当然有几方面的原因，其中，最主要的原因就是要撰写一本关于父亲甘祖昌的传记。在那里，她不仅写出了初稿《我的老伴甘祖昌》《我和老伴甘祖昌》，还尝试着写了由参加过早期红军的艾游媛口述故事《老区一家人》，还写了她在流亡求学途中遇到的国立一中的校医韩大夫的故事——《他的影子常在我心中闪光》等。

她在 2012 年 1 月 4 日的日记里写道：“人需要有目标，我有目标，但缺乏毅力、勇气去实现自己的目标。我应该写写甘祖昌这个当农民将军的老红军。虽然我对他的前半生很陌生，但他的后半生就是当农民，我还是熟悉的。历史把此任务交给我，一个有近 60 年党龄的共产党员，难道我该放弃吗？应该拿起笔写！应该完成历史交给我的任务。”她又写道，“我要抽出时间专心为祖昌写《甘祖昌回家当农民》。我最大的毛病就是有理想却不能为理想持之以恒地努力。今后要认真改，写日记就写《甘祖昌生活小事》，每天写一小段，这 90 多岁的脑袋，不知能否指挥手写出来。试试吧！”直到90多岁，母亲也没有放弃要把父亲的人生经历、事迹写出来的愿望。

其实，母亲从1986年父亲去世后，就一直不间断地写她和父亲甘祖昌经历的故事，她在1987年11月20日的日记里写道："我应当有信心、有毅力学习、笔耕，把我心目中最美和丑恶的东西写出来。为了报答生我养我的祖国，为了寄托对祖昌的哀思，也为了教育子孙后代，尽微薄之力，鞠躬尽瘁，死而后已。”1988年2月13日，她又在日记里写道："祖昌像我这么大岁数时还在朝气蓬勃地干呢！我的身体比他好，我不信有什么跨越不过的鸿沟。边学、边修改，30次、50次、100次，何所惧？我有的是时间，三年五年，十年八年，直到生命结束。这是我活着唯一的目的。”1990年2月19日，她又写道："甘祖昌确实是过硬的好典型，但要写出有血有肉、有语言、有活动，活生生的甘祖昌，又何其难也！”为此，她几易其稿，虚心向他人请教。

我在详细阅读母亲的日记时，发现日记里有二十余次提到撰写《我和老伴甘祖昌》书稿的全过程。我想应该有完整的书稿，于是问母亲书稿放哪了，她说不记得了。后来找了好多地方都没有找到，想到母亲用了几十年心血写出的书稿，找不到我实在不甘心，经过认真仔细的寻找，终于在一只堆满杂物废品的破竹篮里面翻出了书稿，是用5本小学作业本写的。我兴奋不已，与江记者说了此事，因为之前就是由他和几个同事整理编辑母亲的日记，他很支持并要我将母亲的书稿转换成电子版。在各方的帮助下，2014年1月，《我和老伴甘祖昌》在江西教育出版社出版，当书被送到母亲手上时，她激动不已，终于实现了自己的心愿。

第四章
助 人 为 乐

2013 年度感动中国人物颁奖现场，主持人敬一丹代“最美女教师”张丽莉问母亲：“做一时好人不难，做一生好人确实很难。那么您理解这难在哪呢？”母亲说：“我觉得不难。只要自己每天都来检查检查自己，这一天都干了什么事情，做的事情对人民有好处没好处。我就是用这个方法，来不断纠正自己的‘好逸恶劳’。”当时我在现场，感动得泪流满面。父母亲在家乡的一幕幕展现在眼前。

母亲随父亲回到山区的农村后，看到极为落后贫穷的乡村，立志要为山区的教育事业贡献自己的一切。

那时，乡村的中小学刚刚创建，各方面条件异常艰苦，作为一校之长，她带领师生们勤工俭学，自己耕作，自己盖教室，改善教学条件。她帮助创建民办小学，把小学办到了村民的家门口，进行扫盲教育，让那些最普通的农民都能认字，她奔走在村里，和老乡们相识、相知。几十年来，帮助过多少贫困家庭，多少困难学生，她从来不对家人讲，但是，我们现在回到老家，很多人都在念着母亲当年是怎样帮助他们渡过难关，怎样让他们的孩子重返课堂，而她自己却始终保持艰苦朴素的作风……

见 难 就 帮

我们邻村有个叫刘石苟的村民，他家有 6 个小孩。刘石苟的手在大队发电站受伤导致残疾，家庭十分困难，家里只让男孩上学，女孩在家干活。母亲通过家访了解情况后，做家长的思想工作，要求他们让两个女儿也去上学，学杂费由她交，一直交到初中毕业。

1964 年，甘仁林在南陂小学读六年级，那年，他母亲不幸患肺结核，医治无效去世。这对他打击很大，原来活泼调皮的他，变得整日沉默寡言，学习成绩也迅速下降，甚至有了放弃考初中继续读书的想法。母亲对此看在眼里，急在心里，她特意找到甘仁林的班主任说："贺老师，仁林同学家目前遇到了困难，我们有责任帮助他，他的学习成绩不能退步。"我们家离甘仁林家相距不到 200 米，平时吃住在学校的母亲特意回家，找到甘仁林的父亲说："孩子已经失去了母爱，一定不能让他失学，家里有什么困难，跟我讲，我们一起想办法。"在母亲的努力下，甘仁林终于振作了起来，最终以优异的成绩考取了九都中学。多读了几年书，多掌握了一些文化知识，对他今后的工作生活起到了很大帮助。他说龚校长的恩情他一辈子也忘不了！

1968 年夏季的一天，坊楼公社屋场大队一个名叫陈秋英的农妇，在生产队的田地里割草时，不慎被毒蛇咬伤，情况危急。由于在山区，交通不便，家人只好用板车将她送往公社医院抢救。陈秋英上有老下有小，经济十分困难，拿不出这笔抢救的费用。当时，村民们都穷，借不到钱。有人建议向信用社借钱，可是手续繁多，根本来不及。母亲从旁人口中听说这件事，立即凑了 50 元钱，托人以最快的速度送到医院。经过两天的抢救，她终于脱离了危险，母亲这才放下心来。

沿背村有一个豆腐坊，我记得豆腐的价钱是5分钱一块，但节俭惯了的母亲买的也比较少。我们家平时吃菜和大家一样，以自己种的蔬菜为主，家里养了一些鸡，产的鸡蛋基本自己吃，只有逢年过节的时候才会买上几块豆腐。1969年的端午节，母亲去买豆腐，因去迟了一点，只剩下4块豆腐，她就花了2角钱把剩下的4块豆腐都买回去了。路上，一村民看到母亲拿着豆腐说："甘将军家里过节有大肉，怎么也要来买豆腐？""我家过节确实有肉，是国家规定给老红军发的特供票，可以凭票供应3斤猪肉。"母亲回答道。村里有个叫谢年苟的社员，上有老下有小，儿女多，还有一个身患残疾的小孩，家里生活十分困难。在端午节的前一天，母亲从特供的3斤肉上切了2斤给谢年苟家送去，我们自己家只留了1斤肉过节。像这样的事时有发生，不胜枚举。

1997年4月，母亲了解到琴亭小学四（二）班学生李雄英的父亲去世、母亲刘义妹生病，家里的房屋又漏雨。她认为要与共青团县委、琴亭小学和青年志愿者联系，共同帮助他们家渡过难关。之后，母亲为刘义妹治病的事到处奔走。她想起郭医生的医德好，为人忠厚，认为把这事交给他会很可靠。于是，母亲一大早就出门了，郭医生建议用母亲的"红本"离休干部医疗证给刘义妹看病，可报销医疗费。母亲觉得这样做不对，不能为这几千块钱而丢掉自己的人格，于是决定每月为她付款。后来，母亲还到琴亭小学搞募捐活动，她亲自在学校做宣讲。全校各班学生共捐了400多元，老师捐了150多元，母亲自己捐了200元。但后来李雄英的母亲还是去世了，这个孩子成了孤儿，母亲三番五次去家访，关心她的身心健康状况，学校、县妇联也给予了关心和帮助。

社会调研

母亲长期生活在基层，她经常上街下乡进行社会调研，尤其对农村留守老人和儿童的身心健康特别关注、关心。她决定去做社会调研，寻找如何有效地保护留守老人和儿童的正当权利。

母亲在村里调研

1992 年 9 月 22 日，她从居住地琴亭镇五一队开始，到居委会见到了妇女主任贺冰娇和会计，母亲说明来意后，会计向她介绍了五一队的情况。全队共 362 户，6 个自然村，1661 人。贺主任陪母亲走访 8 户人家，生活一般都还好，最好的是有收入的退休人员；其次是做生意的人，儿媳、老人都勤劳，脾气也好，能和睦相处。

与贺主任一起走访了两天，她待人真诚，和群众关系好。她也是苦过来的，丈夫去世十多年，她带着3个未成年的儿女，日子过得也很不容易。

通过走访，母亲得知老人们的生活基本有保障，要想给老人们更多的人文关怀，需要社会、家庭共同努力，营造更加和谐的社会。

2004年4月，母亲发现离家不远处有一条下水管道堵住了，污水漫到道路上，气味很难闻，影响居民的生活。母亲感到非常不安，为疏通这条下水道，她带头捐款，忙了一个多月。

母亲和好友陈美慧找到了堵塞污水出口的居民，这户居民说，下水道污水不是他一家排放的，提出大家各出100元，约800元就可疏通。母亲想到其中有一家刚建新房，困难更多些，提出他家的钱由母亲出，他家出力。

好心的邻居劝母亲："你家不受益，你出什么钱？"她说："环境好了，大家都受益。"她和居民们拿出了几个可行性方案，选出其中一条省时、省钱、省力的。集资过程中，个别居民不主动，不配合。5月18日，母亲写下当天的经历："不集资也没关系，不够的钱我付，我应准备好钱。"20日，经母亲动员，下水道总算疏通了，母亲深深地松了一口气。

弘 扬 正 气

母亲常常能够见微知著，通过发现典型，弘扬正气，树立标杆，寻找解决问题的方法。

母亲非常热爱文学艺术，她深知有些农民的文化水平不高，农村里许多事情如果仅仅是空洞地去说教，还不如一个简短而有趣的文艺作品，一些寓教于乐、贴近群众的文艺节目，这些往往能够起到事半功倍的效果。

当年，甘家村里有个名叫甘生英的妇女，经常做好人好事，却让一些群众产生误解，认为这是甘生英想出风头。母亲认为这是一个助人为乐的活教材，可以转变群众观念，激励更多的人向上、向善。于是，母亲就以甘生英为原型编排了一出戏，并且在邻近的几个村巡回演出。一台小戏产生了大效果，看过戏的群众从中得到了教育和启发，原来助人为乐不仅容易，而且还能获得快乐。于是，大家活学活用，纷纷以甘生英为榜样，一时间村里的风气明显好转。

母亲非常关心村民的素质教育问题。通过走访，她发现有许多村民连自己的名字都不会写，更不要说检查孩子的作业。于是，她决定发动几个驻村学校，利用晚上的时间兴办夜校，鼓励村民们积极参加夜校学习。夜校刚开办时，参加学习的人不多，母亲就去村民家里寻找原因。通过走访，母亲发现大家积极性都不高，村民们大都认为在农村里就是劳动、吃饭，几十年都这样过来了，有没有文化都一样。

村民们的想法让母亲担忧，就在她无计可施的时候，她发现在沿背村的夜校里，有四个老人每天晚上坚持上课，而且非常认真。于

是，母亲编排了一台《四个老头上夜校》的小品，并安排在各村演出。由于主角就是大家身边熟悉的人，一下子激发了村民们学习的积极性，后来，参加夜校学习的人越来越多。家长们都认真上学，孩子们自然不敢偷懒，还有许多家长带着孩子一起上夜校。久而久之，学风带动了家风、村风、民风，村里考上大学的学生也越来越多了。

自 1992 年清明节起，母亲每年都要到高步岭为烈士扫墓，那是因为她被一名公交车司机的壮举深深地感动了。1992 年 2 月 1 日，莲花县公交公司司机晏军生驾驶一辆载有 28 名乘客的客车前往萍乡市，行至高步岭路段时，突然发现车上有两名歹徒将事先暗藏在布袋里的炸药包点燃了，导火索冒了很多烟。他快速而镇定地把车停稳，一边大声呼喊乘客下车，一边一个箭步冲了过去，抱起冒烟的炸药包冲出车外，他飞奔着跑到离车一米多远的地方时，炸药包爆炸了！

如果晏军生当时选择自己一个人逃命，以他的身手完全可以做到安然无恙。如果早一秒抛掷炸药包，他也可以全身而退。而在这千钧一发之时，晏军生同志为了乘客的安危，选择了独自面对灾难。后来，莲花县在他牺牲的地方修建了烈士纪念碑。母亲说：“晏军生永远值得我们学习，值得我们怀念，值得我们赞美，更值得我们崇敬！”

为救他人竭尽所能

母亲和彭艳峰相识于 1995 年，那一年彭艳峰才 8 岁。因为她爸爸小时候患有脑膜炎，留下后遗症，无法照顾他们，家里的重担都落在了身患残疾的妈妈身上。后来，她妈妈由县民政局安排到针织厂上班，彭艳峰和弟弟也跟着她妈妈来到县城读书。在县城，他们没有朋友，也没有其他亲人。一放学，她就坐在家里，一点也不快乐。一天，她妈妈对她说："艳艳，你放学后，妈妈要是没下班，你就带弟弟到旁边的幸福院去玩，那里，有一个龚奶奶，是个大好人，照顾了好多和你们一样的孩子。"

彭艳峰说已记不清第一次见到母亲时的情景了，但总也忘不了母亲组建的幸福学习小组。小组里有 10 多个像她一样的孩子，母亲在幸福院里争取了一间房子作为他们的活动室，里面摆满了她用自己的钱买来的各种学习资料。为了丰富他们的业余生活，母亲还常常组织大家开展讲故事比赛、表演节目等活动，谁要是表现得好，就奖给谁课外书、笔记本。幸福学习小组里，他们跳呀、笑啊，常常忘了回家。

那年冬天，莲花好冷。彭艳峰的小手长起了冻疮，手指肿得像一根根胡萝卜，又疼又痒，笔都拿不住。一天，母亲拉住她，轻轻地捧起她的小手，摸了又摸，帮她戴上了自己亲手编织的棕色小手套。当她戴着手套的小手慢慢暖和起来时，她在心里一遍遍地重复着：龚奶奶真好！奶奶，您就是我的亲奶奶！

第二年，针织厂倒闭了，她妈妈急得不得了，不知道该怎么办。母亲来到她家，对她妈妈说："你不是会做裁缝吗？要不自己开个裁

缝店？”母亲一边说着，一边掏出 500 元钱放在她妈妈手里说，“你先拿这点钱去买台缝纫机吧！”正是有了这 500 元钱，彭艳峰妈妈的小店开张了。

谁知道正当她家里的日子一天天好起来时，一个天大的不幸突然降临。2005 年 10 月的一个晚上，还在读大学的彭艳峰突然接到她弟弟的电话。她弟弟哭着说："姐，妈妈得了白血病。"她一听，不敢相信自己的耳朵。她弟弟接着说："妈妈说这个病治不好，不去治了。"那一刻，她脑子里一片空白，眼泪夺眶而出。妈妈是家里的顶梁柱啊，她不敢想象没有妈妈的日子该怎么办。在他们最无助的时候，母亲又一次来到他们身边。听到她妈妈说因为没有钱打算放弃治疗，母亲难过得说不出话来，立即回家从银行取出了当时所有的存款 4000 元钱，给彭艳峰妈妈治病。这还不算，从 2005 年 11 月到第二年的 4 月，80 多岁的母亲为了帮助彭艳峰妈妈治病，在医院、乡政府、县残联、电视台之间来回奔波，发动社会各界为她妈妈捐款。虽然最后彭艳峰的妈妈还是离开了他们，但是彭艳峰却没有倒下。她说："没有了妈妈，我还有奶奶，我不怕！"

母亲就是这样处处想着别人，在她眼里，每一个有困难的人都是她的亲人，每一个困难家庭的孩子都是她的孩子。

2011 年的春天，下岗工人周春燕的丈夫患癌症去世，留下了治病花费的 20 多万元的巨额债务和两个年幼的孩子。周春燕说，那一刻的自己，觉得天都塌了，根本不想活下去。母亲知道这件事后，到处打听周春燕的地址，几经周折找到了她，递上 5000 元钱，作为两个孩子的学费和生活费。母亲轻轻地拉着周春燕的手说："你还年轻，人生的路还长呢，两个孩子又还小，一定要坚强，日子会一天天好起来的。有什么困难就和我说，我们一起想办法！"靠在母亲疲弱的肩膀上，周春燕的眼泪一串串往下掉。在母亲的鼓励下，周春燕重拾了对生活的信心，她开始在县城一家药房打工，努力改变家里的状况。

周春燕的女儿因为家里突如其来的变故变得自卑胆小，在学校总是一个人沉默不语，学习成绩一路下滑。周春燕不晓得该怎样去引导女儿，又找到母亲。母亲要来了她女儿学校的地址，经常给孩子写信，关心她在学校的学习和生活情况。暑假的时候，母亲又把孩子接到我们家里来住，和她聊天、讲故事。和母亲接触一段时间后，孩子的脸上又有了笑容，成绩也慢慢好了起来。

周春燕的女儿大学毕业后，响应国家号召去了边远山区支教，成为一名山区小学教师。她在给母亲的信中这样写道 :“龚奶奶，是您让我懂得了人生的意义，帮助他人，自己也会很快乐！我在山区小学工作很开心，因为我可以用自己的知识，帮助这群山里的孩子，就像您曾经帮助我一样！谢谢您！”

捐资救灾

母亲对自己和家里人很“抠门”，对困难群众却很大方，她把平时省吃俭用的钱，大部分都用来帮助他人。

2008 年 5 月 12 日，四川发生大地震，母亲每天提着一颗心，天天盯着电视看，听到遇难群众已经上万人了，她心如刀割。15 日，母亲就到民政局捐钱捐物。后来，中组部号召在职共产党员每人捐出一个月的工资，作为特殊党费支援灾区，母亲迫不及待地说：“我虽然不在职，但我一定要响应号召。国家有困难了，共产党员要分担责任，我一定要再捐！”于是母亲赶到县委组织部，捐出了 2300 元的特殊党费。

2011 年新疆阿勒泰地区发生大雪灾，母亲向灾区捐钱捐物，光邮寄费就花了 640 元。

2020 年春节，一场突如其来的新冠肺炎疫情，让无数人放弃春节假期奋战在抗疫一线，与死神进行搏斗。2020 年春节对于所有中国人来说都是特殊的，对于母亲龚全珍来说也是如此，这场疫情同样牵动着母亲的心。她一直关注着战“疫”一线的进展情况，时刻牵挂着一线同志的生命安危。

1 月 31 日，母亲知道自己年龄大了，能做的事情有限，疫情暴发后，母亲率先向莲花县红十字会捐赠 10000 元人民币用于支援疫情防控，后来又捐款 2000 元。龚全珍爱心救助基金、龚全珍志愿者协会两个公益组织也积极投身于疫情防控的志愿活动中。

义务宣讲员

为营造和谐的社会发展环境，传承父亲无私奉献、艰苦奋斗的优良传统，母亲不顾自己年事已高，毫不犹豫地担任了莲花县关工委第一任主任，忙碌在关心下一代的第一线。

母亲为学生们上课

经常有学校邀请母亲去做革命传统教育，尽管年事已高，但母亲很少推辞，她说："我要把甘祖昌这样一个真正的共产党人的高尚情操宣传出去，用这笔宝贵的精神财富来教育我们的下一代。"她每次去讲革命传统教育课，都会带上一个双面相框，一面是父亲在田间研究水稻的照片，一面是父亲穿着将军服的照片，她指着相框告诉大

母亲与琴亭小学学生在一起

母亲拿着双面相框

家：“算起来，跟着祖昌回到莲花县也有 50 多个年头了。祖昌最大的信念就是带领乡亲们一起建设家乡，让老百姓过上富裕幸福的日子。”每次作报告前，她都会精心准备，提前到学校了解情况，把握不同学校不同学生的特点，用不同的方法讲不同的故事，引导孩子们树立正确的世界观、人生观和价值观。

有一次，她去三板桥小学讲革命传统教育课。11：30 下课，母亲坚持要坐公交车回家，不肯留下吃饭。那天天气很热，大家担心近 90 岁的老人坐公交车不安全，就谎称下午有人去县城开会，饭后可搭顺风车，母亲这才勉强答应吃了一次工作餐。事后她说：“学校教育经费紧张，不能给他们添麻烦，增加负担。”

母亲一生虚心好学，活到老学到老。她手不释卷，每天坚持读书看报，定时收看《新闻联播》。她自费订阅了六七种报纸杂志，经常关注国际、国内大事，关于政治、军事、党的历史、养生保健等知识和信息，她都认真学习，掌握吸收，并有自己的见解。每个月 14 日是老干部学习会，15 日是她所在的党支部会，这两个会，她风雨无阻，次次不缺，按时参加学习。她不但虚心学、认真听，还仔细记笔记。

创建“龚全珍工作室”

2011 年，母亲已经 88 岁高龄了，却还在四处奔走，为百姓做好事，为百姓办实事。就算出门旅游，她也念念不忘她所资助的孩子和老人。

她在去湖南韶山瞻仰毛主席旧居的时候，为一个叫亮亮的孩子买过风筝，帮助亮亮完成了他的一个心愿。她曾多次去看望以捡废品为生的赵婆婆，并千辛万苦地为她申请低保。她带头捐款，为臭气熏天的小巷修下水管道。她更不顾 80 多岁高龄，一次次去全县的各中小学，为孩子们讲革命历史故事，对孩子们进行爱国主义教育。

在忙忙碌碌中，不知不觉，母亲已经快 90 岁了。她所在的琴亭社区与琴亭镇党委、县关工委研究后，成立了一个“龚全珍工作室”，以方便母亲继续做好事。

只要稍有空闲，母亲就会来工作室，不是与党员干部沟通思想，就是为普通群众解决生活困难。

一开始大家见了她，都尊敬地称她为“将军夫人”。母亲纠正大家：“叫我龚老师就行。我的身份不特殊，但我有一份特殊的责任。”

她叮嘱社区的工作人员：“以后这里的群众，谁家有困难，你们可要告诉我。”

工作室成立不久，母亲了解到社区的老党员刘青松身体不好，时常卧病在床，家里生活拮据，母亲便三天两头提着慰问品去探望刘青松。后来，刘青松因病不幸去世，母亲又继续接济他的老伴彭素娥。

虽然有了工作室，母亲不必再去乡下四处奔走，但她人在工作室，照样“两耳常闻窗外事”，凡是听见邻里相争，婆媳吵架，她都会出面去“管闲事”。久而久之，很多遇到难题的人也会主动来找她寻求帮助。

有了工作室，母亲依然是个大忙人。母亲说：“每个人选择的生活道路不一样，我这一辈子选择的是物质生活简朴，精神生活充实的道路。我守住了清贫，抵制了诱惑。久而久之，就习惯成自然了。”母亲严以律己的大爱大善人格，就这样渗透在她的生活之中。

母亲时时刻刻关心社区党员干部、青少年革命传统和理想信念教育。自担任社区辅导员后，她每年为琴亭镇的党员、入党积极分子讲党课。在辅导工作中，她推行了“讲、观、作、学、谈、行”服务内容，通过讲一堂课，观一个基地，做一次辅导，学一句名言，谈一番感受，行一次慈善等活动，建立起“龚全珍工作室”的长效服务机制。“龚全珍工作室”自建立以来，共组织开展讲党课、参观活动、思想

母亲在“龚全珍工作室”

辅导、走访慰问等近百次，参与学习教育活动的有上千人次，让社区党员和居民接受了生动的革命传统和理想信念教育，为构建和谐温馨社区做出了积极贡献。

龚全珍爱心救助基金

2013年，新疆军区联勤部给母亲送来了3万元慰问金，这笔“巨款”让她太为难了。母亲一辈子节衣缩食、助人为乐，每当有人送她钱款，她都会转赠给需要帮助的少年儿童或困难户。这次，新疆军区联勤部一下子给了3万元，她想：怎样才能发挥这笔钱最大的用处呢？年底，安徽省马鞍山市委宣传部邀请“龚全珍先进事迹报告团”在该市做宣讲，母亲一生节俭、助人为乐的精神引起了强烈的反响，市委文明办当即捐款2万元给龚全珍工作室。

两笔钱款共5万元，考虑再三，母亲决定将这5万元作为启动资金，成立一个爱心救助基金会。但是，她毕竟是年过九十的老人了，要成立爱心救助基金会，自己有心，却无力为之奔走了。

母亲便和我们姐妹商量：“我想成立一个爱心基金会，需要一个人帮我张罗。”母亲住在大妹妹甘公荣家，她在母亲身边方便，再则帮助的对象是莲花本地人，我们一致推举大妹妹协助母亲打理此项工作。大妹妹热心公益事业，经常代母亲去看望慰问困难群众和贫困学生，对情况也比较熟悉。

“龚全珍爱心救助基金会”由县委组织部、龚全珍工作室和家人代表甘公荣组成，母亲龚全珍为名誉会长，甘公荣为秘书长，主要负责基金会的管理，联系捐款单位和个人，募集资金，组织对困难群众和贫困学生进行调查摸底、收集资料，开展扶贫济困活动。在社会各界爱心人士的关心支持下，基金会自2013至2020年，8年间，共募集资金1791387元，发放扶助款1473716元，走访帮助困难家庭307

户，资助贫困学生和环卫工人 1120 人。母亲龚全珍每年都为该基金捐款 8000 元，我每年定期捐 1200 元，两个妹妹及我的女儿也都为这个基金捐款，大家一起献爱心，帮助那些需要帮助的人。

甘公荣始终牢记母亲的话，每次走访，她都会仔仔细细询问困难群众的生活近况："最近身体怎么样？还缺什么东西吗？"听到有什么困难，她都会先代母亲给钱，一时解决不了的，就一字一句记在本子上。一天，基金会收到琴亭镇曙光村村民贺某的一封求助信，甘公荣立即带领基金会成员前去了解情况。贺某身患尿毒症多年，已丧失劳动能力，家中仅靠体弱的妻子打零工维持生计，两个儿子正在上小学。他的父亲两年前因胃癌去世，家中已欠下 30 万元债务。核实情况后，基金会送上了 3000 元慰问金，甘公荣代母亲个人捐助了 1000 元。同时，基金会还联系爱心人士与两个孩子结成帮扶对子，进行长期帮扶。

2017 年 12 月 29 日，还有两三天就要踏入 17 岁的贵州女孩张金凤不幸出了车祸，受伤严重。她在莲花县打工的母亲也受了伤，母女俩一起住进了莲花县人民医院。因为肇事司机驾驶车辆逃逸，使家境本就贫困的张家，很快就陷入了经济危机。

妹妹甘公荣得知此事后，代母亲几次赶到医院看望张金凤，前后给她送去 8000 多元慰问金。

母亲虽然年纪大了每天待在家里，但她的心始终牵挂着爱心救助基金的事。在日常生活中，她对甘公荣说得最多的话，便是催促甘公荣去看望这个困难户，走访那个困难户。

母亲龚全珍一直以来都将"不忘初心，艰苦奋斗"作为一个共产党员的精神信仰，这么多年来，龚全珍爱心救助基金在甘公荣的带领下，秉承着这样的理念，一次次下乡走访，一次次提供帮助，从琴亭到六市，从路口到三板桥，他们的足迹几乎遍布了全县的贫困角落。

在遗体捐献书上签字

2013 年，母亲已经 90 岁了，依然常常和她亲爱的日记“对话”。“近两天发现脚有点肿，想到自己 90 岁了，超过我的父母和哥哥姐姐们，可能离回归自然的日子不远了。我已很知足了。此生惭愧的是党和国家、亲人对我的关爱，我回报得太少了。平日还感到自己尽力了，如今想想太少了，微不足道。我还能做点什么呢？这几本杂志要捐，还要靠吉荣来帮我送去，我自己提不动，实在太力不从心了。”

“残荷，它虽失去春夏时的风采，却依然挺住，不怕秋风的袭击。它要把最美好的东西留给人们，当人们挖出一担担洁白的莲藕时，它才倒下。”

“岁月如水流，走呀，走呀。我曾走过荆棘丛生的荒郊，越过鸟语花香的田野，攀过悬崖陡壁，跃过一道道坎坷。未来还有多久呢？雪莱说得好：‘过去属于死神，未来属于自己。’”随着年龄的增长，母亲开始思考死亡的问题，觉得自己离回归自然的日子不远了。不过，她并没有过多悲伤，她觉得自己还有未来。她想得最多的，依然还是如何回报社会，如何把最美好的东西留给后代。

一天，母亲看到一篇报道，触动了她的心弦，她悄悄地做了一个决定，去找了县红十字会。后来，孙女甘红梅来看她，红梅问：“奶奶，听说您上次去红十字会了，为了什么呀？是去检查身体吗？”“不是啊，是为了打听遗体捐献的事，想和他们签订一个协议，奶奶死了以后准备捐献遗体。”“啊，奶奶！”红梅大吃一惊，“您身体健康得很，离死还很远呢！再说，您这一辈子对社会的贡献已经够大的啦，死后为什么还要捐献遗体啊？”“人一闭眼，身体就作废了。为什么不能把自己身上有用的东西捐献给有需要的人呢？”母亲笑着开导孙女，“我可以捐献眼角膜，还可以捐肝。我的肝太好了，它对甲肝、乙肝都有抗体，这是世界上最好的肝了。”说着说着，母亲爽朗地笑了。

说实话，我们都舍不得她这样做。

“这是我人生的最后一个愿望，也是我能够为社会所做的最后一件事了，希望你们理解啊！”

2015 年 3 月 17 日，母亲终于如愿以偿，在“遗体捐献志愿书”上欣然签下名字。“全捐，只要有用的都捐！”母亲边在“遗体捐献志愿书”上签字，边朗声说道。

母亲在遗体捐赠书上签字

母亲的这一义举，令在场的人无不动容。

“人道、博爱、奉献”，这是红十字会的精神，也是母亲的精神。

我最可敬、可爱、可亲的母亲，要把自己的身体毫无保留地奉献给需要的人，奉献给我们的医疗事业，她的仁爱薪火，必将照亮更多后人的心灵。

信仰是什么，它是一个人心中的指路明灯，它是一个人觉得生活有意义而且愿意快乐生活下去的希望和勇气，它是一个有理想、有目标的人前进的精神力量。理想因其远大而称为理想，正是理想信仰的力量使母亲拥有了简单而又不简单的一生。简单是因为她把一生都奉献给了自己信仰的共产主义，母亲从少年时就离开山东烟台，流亡求学到大学毕业、参军进疆，辗转五个省六个地方，徒步近万里。再到1952年入党、1953年和父亲结为夫妻、1957年离开城市回山村扎根，母亲这一辈子和父亲一样充满了传奇色彩。母亲一生扶贫救困，帮助那些需要帮助的人，她总认为自己就是一名普通的老党员，为党工作是本分，离休不等于离岗，自己做的事情哪怕再小，都是在延续父亲建设美好家乡的梦想。而不简单也恰恰是因为这点，坚持几天，几个月，或者几年做好事，或许都不会特别困难，但是要一辈子做好事，就不容易了。

勇敢的选择

母亲在日记中写道：“人生，各自选择自己的路，我选择了物质生活简陋，而精神生活充实的路。”这是母亲真实生活的写照。她的人生中经历过三次无悔的选择。

她的第一次选择是，跟定共产党，参加解放军。1937 年，日本侵略者占领了烟台，母亲的三哥参加了八路军。从那时起，受三哥的影响，她就下定了参军抗日的决心。后来，她一边寻找八路军，一边流亡求学。一个花季少女，女扮男装徒步从山东到安徽，从河南到陕西，边读书边参加抗日救亡活动。1945 年考入西北大学教育系，积极参加学生进步活动。有人劝她，这样做很危险，但她不畏艰险，坚持宣传革命。1949 年，大学一毕业，她就响应党的号召，报名参加解放军，被分配到新疆军区八一子弟学校当了一名教师。1952 年，她光荣地加入了中国共产党。从此，她把自己的一生交给了党。

母亲生于一个不幸的时代，日本帝国主义入侵中国，战火纷飞，国家动荡，社会混乱，母亲和全国人民一样在此时吃尽了苦头。而恰恰是在这个不幸的年代，在艰苦的磨砺中，她的心里播下了一颗信仰的种子：跟着共产党走，将民族大义放在个人幸福之上。事实上，母亲徒步跋涉求学，支援边疆建设，就是她心中朴素信仰的结果。

第二次选择是，跟随父亲回乡，建设新山村。母亲在新疆军区八一子弟学校任教的时候，经组织介绍，与时任新疆军区后勤部部长的父亲结为夫妻。一次，父亲遭特务暗算，造成车祸，留下了严重的脑震荡后遗症，经常发病，不能坚持正常工作。组织上安排他住院休养，

父亲觉得像坐牢，想到国家正在热火朝天地搞建设，自己既出不上力还要花费国家的钱财，这样的日子比伤病还难受。于是，他连续三年写报告，请求辞官回乡当农民，经组织批准后，1957年，父亲带领全家回乡务农。当时，母亲是八一子弟学校的教务处副主任，她认为父亲作出的决定是正确的，于是，毅然决然地陪着父亲回到江西农村。

回到农村后，母亲发现大部分孩子不认识字，连自己的名字都不会写。于是，她当了一名中学老师。后来，她又被调到离家不远的南陂小学当校长，她还是老作风，一直吃住在学校，全身心扑在工作上，把满腔的爱倾注于山区的孩子身上。

母亲重新登上三尺讲台，在山村的教育工作岗位上奉献一生。这是母亲抛弃名利跟随父亲回乡的结果，也是在历经人间沧桑后，母亲做出的价值选择。

第三次选择是，紧跟新时代，奉献一生。1986年，父亲病故后，回顾过往的人生，母亲曾有这样一段内心独白：“人生得一知己足矣。我得到了祖昌，对他尊敬多于热恋。他虽然不像知识分子那样温情，但我们也有许多共同之处，对生活要求不高，为理想可以奉献一切。”母亲一生以父亲为榜样，查找自己的缺点和不足。她在日记里写道：“祖昌不仅不要国家照顾，还拿出大部分工资支援农业。我这个离休干部为党做了什么呢？我这名党员，又为社会贡献了多少呢？”她一边读着《中国共产党章程》，一边反省自己：“我这个党员非常危险，每天生活在自己的小天地里，没有为党做工作，再不纠正就是个挂名党员了。”

母亲帮助别人，从来没有对象之分，没有时间的界限。她在争先创优活动中，向党组织庄严承诺：“健康时，多为孤寡老人做一些力所能及的事；有病时，不住特殊病房，不用昂贵的进口药；去世后，生前最后一个月工资作为党费上交，死后捐出自己的遗体；我捐助的贫困生，我的子女会继续负责到底。”

从母亲的三次选择上，我感受到信仰的力量、精神的力量、道德的力量。她用一辈子的坚守和行动，告诉我们应该怎样无愧于共产党员的光荣称号，告诉我们应该怎样全心全意为人民服务。我也是一名有着 40 年党龄的老党员了，我会以父母亲为榜样，把艰苦奋斗的革命传统一代一代传承下去。

信仰铸就奉献人生

母亲一辈子淡泊名利，一辈子勤俭节约，一辈子无私奉献。如今，临近百岁，躺在病床上的她，仍然在关注贫困学生和困难群众，这些早已在岁月的流转中成为她的习惯与本能。她的身体每况愈下，我百感交集，泪流满面，不能自已……

母亲是宝贵精神财富与坚定信念的践行者，几十年如一日，践行着入党的誓言，无论在山区教书，还是离休之后的社区生活，她都能用自己身上的正能量来诠释一个共产党员的崇高品格和高尚情怀。60多年前，她跟随父亲解甲归田，扎根山村，无怨无悔。如今，她坚守着革命先辈优良传统，更孜孜不倦地将其传播到青少年中间，关心社区的和谐发展，帮助身边的困难群众，关爱下一代的教育成长，倡导文明新风。她不但多次捐款救灾，用点点滴滴的爱回报社会，而且有更大的担当——组建志愿者服务队、创新社区管理机制、致力于革命老区的教育事业，将个人的精神力量不断壮大成为一种社会风气。“龚全珍志愿者服务队”如雨后春笋，不断地发展壮大。

她的白发，源自父亲生前的嘱托与爱的信任，源自革命老区的血脉情谊与赤子情怀，源自饱经风霜的人生阅历与岿然不动的品格，源自高度自觉的党性与坚定信念。她的微笑，彰显教育事业的宏伟，弘扬奉献精神的强大，展现大爱无疆的宽阔，显示新风和谐的美好。

母亲曾写下这样的话：“做个名副其实的共产党员，不断学习，跟上时代，永葆青春。”她90多岁，思维活跃，本色不改，信仰坚定，有一个很重要的原因，就是始终没有丢下学习这一人生法宝。母亲说，学习是一辈子的事情。读小学时，她的家乡山东被日寇铁蹄践踏，但她没有放弃学习，一边流亡一边读书。中华人民共和国成立后，她当上了一名人民教师，更是如饥似渴地学习。离休后，她的阅读量不减反增，每月购买书籍的钱，远远超出其他生活开支。她活到老学到老，认为学习不能倚老卖老："近年来，我认为自己年过九旬，虽比不上英模，但思想水平也不算低，马马虎虎过日子也还说得过去。对照共产党员的标准，实际上就是过不去。"所以她坚持不断学习，避免落后于时代。

母亲非常看重学习这一共产党员的基本权利。她说，共产党员要自觉维护这个权利，无论是谁，无论遇到什么困难都不能放弃。组织上考虑她年事已高，曾委婉提出她可以不参加有关的学习活动，母亲不接受这番"好意"，她说："你们不能剥夺我学习的权利。"天气不好，妹妹劝她在家休息，她不但不听劝阻，反而还要妹妹为她撑伞，陪她前往学习地点。如果身体不适，她一定自己打电话跟会议组织者请完假后才能安下心来在家看书、休息。

母亲学以致用，以学助人。她说："要给学生一碗水，老师就要储备一桶水。"学习是一辈子的事情，是义务，更是权利，是提升修养、坚定信仰的途径，是帮助他人进步的资本。

母亲在人生的三次重大选择中，从没有忘记自己党员的身份，从没有忘记马克思主义的目标理想，始终信仰马克思主义，并努力践行着共产党员全心全意为人民服务的根本宗旨，在平凡的岗位上写下了可歌可泣的美丽篇章。

健康快乐之道

母亲说："父亲能活到 82 岁，有一个重要原因，就是他做人真诚，简单。"就是"转型"彻底、简单：当了一个地地道道的农民。感人的行动，不一定是上刀山下火海；打动人的话，不一定是豪言壮语；快乐的人生，不需要复杂和算计。信仰要简单，要翻身就要打土豪，是共产党员就要紧跟党中央。当兵很简单，就是能打硬仗，打胜仗。做后勤很简单，前方打仗，后方就要保障好军需。去留也很简单，既然受了伤，需长期疗养，什么事都不能干，就不要留在部队，顶个军职不做事，不如回家当农民。当农民很简单，就是勤出工，夺高产。是农民就不要警卫员、军医；儿女要当兵、上学，自己去考；儿女结婚要置办家具，自己去赚。一切就是这么简单。

简单，是父母亲的健康快乐之道，是百姓实现幸福梦的"心灵鸡汤"。

排忧解难见真情，母亲将自己的一生献给了山区的教育事业，献给了社会公益事业。她一生都在为他人而忙碌着，把每一个人都当作自己的亲人，这是她选择的活法，她什么都不需要，就是深爱着这片红色的土地，心地无私天地宽，她幸福并快乐着，这就是长寿的秘诀。

2019 年 3 月，母亲因肾功能不全住院，病情好转后，我带她到眼科检查眼睛。最近母亲的视力越来越差了，她自己不说，怕手术太复杂，又总觉得年龄大了，能将就就将就，免得麻烦别人。眼科主任何建中教授亲自帮她检查，何主任告诉母亲："严重的白内障，两只眼睛视力 0.1，再不做手术，将会双目失明。"母亲问："能治吗？"

何主任说：“能治，白内障是小手术，不到半小时就能做好。”“那就请你帮我治吧。”医院领导考虑到母亲年龄大了，建议请国家顶级眼科专家——浙江大学医学院附属邵逸夫医院眼科主任姚玉峰教授来做手术。

4 月 12 日，姚教授专程从杭州赴萍乡市人民医院为母亲做手术，13 日 9: 40，母亲被推进手术室，10: 29，姚教授宣布：“好，手术成功了！”

在这不足 1 小时的时间内，唯有协助姚教授做手术的医护人员才知道，手术中遇到了怎样高难度的挑战：手术开始时，母亲的收缩压从 160 毫米汞柱迅速上升到 197 毫米汞柱。如果血压再升高，手术必须取消。手术中，母亲原来已经很小的瞳孔，不断回缩，最后竟回缩到 1 毫米；手术中，母亲的头部不由自主地动了一下，差点使眼睛离开显微镜范围；手术中，因为白内障核太硬，核碎块竟然把最先进的起声乳化仪管道堵住了。

但这是一对特殊的医患。医生有世界级的水平，患者有老革命的意志。他们紧密配合，手术获得了成功。

手术次日，15:00，当姚玉峰教授给两只眼睛都做了手术的母亲小心地揭开纱布时，母亲脱口而出：“哇！好亮啊，手腕上的字我看得清清楚楚，也看得清外面的绿树花草！”一辈子爱阅读的母亲，终于又能看书了，她是多么开心啊！她又能看清孩子们的脸啦！她又能看清父亲的照片啦！她又能看清身边那些骨肉相连的父老乡亲啦！

知心爱人

1957 年 8 月，父亲主动辞去新疆军区后勤部部长职务，回乡当农民。母亲相随而归，那年她 34 岁。

母亲说 :“我回家没有干别的活，就是给他补衣服、洗衣服 ；他喜欢吃面食,我就做点饺子给他吃。”母亲是西北大学教育系的高才生，父亲是一个只读过一年半私塾，连“龚”字都写不好的军人 ；母亲才三十来岁，父亲年近半百 ；母亲是学校教师，父亲是解放军少将。他们因为共同的信仰和品格走到了一起，相濡以沫 33 年。

父母亲 1979 年的合影

父亲头部受过三次重伤，留下了严重的脑震荡后遗症，还有哮喘、肺气肿等病。在新疆，烟斗不离口；在老家，旱烟管不离手。父亲对抽烟有“歪理”：“抽烟可以缓解哮喘。”母亲只好相信他，替他到挑担小贩手里买生烟叶，切成烟丝，装到铁盒子里，供父亲抽。

回到莲花，两个人都忙。一个腰里插根旱烟管，一个腋下夹着课本。母亲牢记部队首长的嘱咐，要好好照顾甘部长，“争取让他活到 60 岁”。到了莲花，母亲发现父亲的生活特别充实，早出晚归，日出而作，日落而息，开心得很。母亲吃住在学校，只有周末才回家，所以家里大小事，几乎由父亲包了，我们的衣服、鞋子破了，他都会及时补上。小洞父亲补，大洞就等母亲周末回来补。

在母亲心中，父亲是一个忠诚于党、一心为民的好人。他的梦想就是希望老百姓过上好日子。父亲的梦想也是母亲的梦想。在父亲生前，她是父亲高尚品德的坚定支持者。父亲几乎把他们的工资全部用在扶贫济困和支持生产建设上，这背后同样有母亲的全力支持。她的大部分工资都交给父亲支配，自己却节衣缩食，多年都没有做过一件新衣服。父亲去世后，母亲用实际行动延续着父亲的梦想。她几十年如一日，呕心沥血教书育人；离休后，她经常对青少年进行革命传统教育；别人遇到困难，她尽心尽力帮助。母亲说：“虽然现在我已经拿不动锄头，乡亲们也用不着我买化肥了，但是，我不能忘记祖昌的精神和梦想！”

默契是心灵的互通，是精神的慰藉；默契能带来理解，默契能消除误会。父母亲平时话语不多，但他们之间只要一个眼神，便心知意会；只要一个表情，便理解懂得。真心相互默契，温暖相互惦记，再累也不怕，再苦也幸福。

母亲扎根基层，始终致力于山村的教育事业和社会公益事业。在她心中，这也是在传承父亲的梦想。

宽厚的胸怀

做人宽厚是一种忠诚的品德，“忠”是尽心的意思，“不忠”就是不尽心，失信于人，是做人不厚道的表现。宽厚为人最重要的一条就是忠诚，既要忠诚于使命职责，做到脚踏实地，心无旁骛，献身使命，不辱使命；同时还要做老实人，说老实话，办老实事。

能够宽待别人的人，其心胸像天空一样宽阔、透明，像大海一样浩瀚深沉，不仅能宽待自己的家人、朋友，而且能宽待曾经深深伤害过自己的人，我觉得母亲就有如此宽厚的胸怀。

20 世纪 60 年代初，曾经有位老师，刚从师范学校毕业分配到南陂小学，人生地不熟，母亲对他关爱有加。他处的对象是本地的老师，女方家长不同意，找母亲帮忙做家长的工作，后来这桩婚姻终于成了。女老师工作认真，母亲推荐她由民办老师转为正式的国家在编老师。后来母亲因工作上的事情批评过这个男老师，他却因此怀恨在心。“文革”期间，他第一个站出来批斗母亲，并强行要母亲下跪。我们当时还小，看到这个老师如此无礼地对待母亲，只觉得他太缺德，恩将仇报。到了 20 世纪 90 年代，他来看母亲，我们不待见他。母亲反而批评我们说：“群众运动，过去了这么多年，就算了。”母亲仍然热情接待他。母亲对任何事情都会换位思考，一笑而过。这才是宽厚的最高境界，才是人性中最美丽的花朵。

人生中三大悲伤事，母亲都经历过：少年丧父，中年丧夫，老年丧子。但她能及时从悲痛中走出来，重新振作起来。她曾在日记中写道：“有人说老年是丧失时期，我确实丧失了很多，丧失了老伴、儿子。但我应向丧失应战，要去索取，索取新的精神生活，把美好的东西献给老人和孩子。”从此，她节衣缩食，倾其所有，去帮助那些她认为需要帮助的人。

常人都说后娘难当。父亲参加革命前，由爷爷奶奶作主，娶妻并生了一子，后来，父亲参加红军离开了家乡，两年后大哥的母亲改嫁他人，把大哥留给了爷爷奶奶抚养。母亲仅仅比大哥年长两岁多，她非常理解大哥从小没有得到过父母的疼爱，不管在一起生活还是分家单过，她都想尽办法弥补大哥从小缺失的爱。特别是回到农村后，大嫂生育了十个孩子，养大了九个，在那个缺衣少食的年代，大家生活都很艰苦，凭票证购物，特别是猪肉，每月每人只供应半斤。有他们吃的，就没有自己一家吃的，母亲往往把从自己嘴里省下来的肉给大哥家送去，孩子的学杂费、生活用品都是母亲负责的。她把大哥看得比我们都重。人心都是肉长的,大哥没有枉费母亲对他的一片苦心，虽然他们年龄只差两岁多，却也叫了母亲一辈子妈妈。

1986 年 3 月 28 日，父亲病逝，亲友们和遗体告别时，母亲提出派车去接大哥的母亲来见上父亲最后一面。大哥不同意："妈妈，你是怕别人不知道甘祖昌还有个第一夫人吧？接她不是贬低了你自己？”母亲却说："我不在乎第几夫人，反正这是历史！我不怕丢脸，你们怕什么？！”当时，治丧委员会的工作人员都称赞母亲说："不是知识分子的胸怀，做不到这点！”

大哥的母亲生活拮据，母亲一直接济她，不定期托人带衣物和钱给她，直到她病故。这样做母亲内心感到坦然。

法国文学家雨果曾经说过："世界上最宽阔的是海洋，比海洋更宽阔的是天空,比天空更宽阔的是人的胸怀。”这句话很有哲理。其实，人的内心蕴藏着很大的包容性，你越是宽容他人，就越容易获得尊重。

第五章

革命家风代代传

我的父亲甘祖昌先后参加了井冈山斗争、五次反“围剿”和二万五千里长征，领导参加了南泥湾大生产，越祁连、穿戈壁、进新疆，戎马生涯，出生入死，屡建功勋。回到家乡，他带领乡亲们兴建水利，修建桥梁，科学种田，发展农业生产，脱贫致富，被誉为“一心为民的农民将军”。母亲龚全珍少年时为了求学，为了追寻革命理想，不惜冒着生命危险，历尽艰辛终于完成大学学业，毕业后积极响应党的号召，参军入疆。青年时，为了革命理想，她不顾年龄悬殊，嫁给了一身伤病的父亲，并毅然带着儿女跟父亲回到江西农村，成为一名山村教师。暮年时，她依然初心不改，发挥余热，捐资助学，奉献爱心，被誉为“永葆本色的老阿姨”。数十年来，他们“老老实实、勤勤恳恳、心系群众、艰苦奋斗”的好传统、好作风影响和感染着一代又一代人，他们的故事从家乡走向了全国。

严 师 妈 妈

母亲甘愿吃苦，乐于奉献。在我的记忆里，母亲从来没有穿过什么时尚的服装、鞋子，穿的衣服虽然有些破旧，但都很整洁。她从来没有用过化妆品，用的护肤品是上海产的雅霜。她从来没有烫过什么时尚的发型，一辈子都是普通的短发。

从 1957 年重返讲台后，直到 1975 年离休，母亲在山村中小学一干就是 18 年。在这 18 年的时间里，除了节假日、周末，她吃住都在学校,学校成了她的“家”。渐渐地,这个说普通话的母亲,这个“周末妈妈”仿佛真的变成了学生的妈妈，而不只是我们的妈妈了。

1957 年，母亲被分配到九都中学当老师，学校坐落在坊楼村北边的杉子山上，学校刚刚筹建，各方面条件都很简陋，安全也得不到保障。母亲不敢把我带在身边，起初只好早出晚归，早上把我一天要吃的奶粉准备好，白天请二婶帮忙看管，下午放学后赶回家。有几次母亲回家时看到我从床上掉到地上，满脸泥巴，一身屎尿，在地上号啕大哭没人管，心痛得直落泪。大家庭各家管各家的事，二婶要照顾全家二十多口人,事情一忙,忽略了对我的看管,这也是无可奈何的事。

二叔二婶生了一双儿女，女儿从小体弱多病，后来因误诊病故。父母亲也非常难过，劝他们说，我们这两个女儿都要请你们看管，你们喜欢哪个就让她给你们做女儿。这样，他们把精力放在了看管姐姐和我身上，母亲才能全身心投入工作。

母亲在山区教书，简直是个工作狂。她说 :“学校刚刚创办，百废待兴，来回走耽误时间。”她坚持住校，只有星期五晚上才回家看

看我们，一天时间，还要为我们缝缝补补，为父亲做可口的面食。母亲是名副其实的“周末妈妈”。因为星期日一早，她又从家里“消失”了，要去学生家家访，或去学校备课、学习。

在九都中学任教3年后，组织上将母亲调到了南陂小学当校长，学校离家更近了，我们以为可以常常见到母亲了，可母亲却仍然选择了住校,她说:“当校长事情更多,任务更重。”她还是那个“周末妈妈”。

当时，小哥哥甘新荣、姐姐甘平荣和我都在南陂小学读书。有一天，母亲正在哥哥班上上课。因为母亲是老师，哥哥很放松，低头看起了连环画。哥哥的小动作被母亲发现了，她严厉地冲哥哥说：“甘新荣！”“妈妈，什么事？”哥哥听妈妈叫他，抬起头，很自然地喊了一声妈妈。“这里是课堂，只有老师，没有妈妈！”从此，在学校里，我们都一律叫她老师，只有回到家里才叫妈妈。

母亲周末从学校回家，“作业做好了没有？”见了我们，她一开口总是问这句话。然后，她就挨个检查我们的作业完成情况。我忍不住悄悄问父亲：“爸爸，为什么妈妈一点儿也不像我们的妈妈呀？你看，我们说家乡话，她说普通话。她天天住在学校里，一回家还像个老师一样检查我们的作业。”父亲若有所思地说了一句我们当时还听不懂的话：“因为你们的妈妈是学生的妈妈呀！就像爸爸是农业社的爸爸一样！”我忍不住轻轻叹口气：“唉，原来妈妈是学生的妈妈呀，难怪呢！”

然而，父亲只是微微一笑，意味深长地启发道：“孩子们，如果你们不明白这句话的含义是什么，那么只有在你们的成长过程中慢慢去领会了。”随着时光的流逝，一晃半个世纪过去了。

一次国庆节，母亲的一名学生朱颂岭专程从外地回来看望母亲，一见面两个人拥抱在一起，这个60多岁的大男人眼含热泪，一声声喊着：“龚妈妈，我好想您啊！”

朱大哥回忆起当年他在九都中学读书时，一次他在课堂上突然昏迷过去了，母亲赶紧把他送进了公社医院，看完病后，一直陪在他的病床边，给他喂药，又煮来稀饭端到床头一口一口喂他的情景，病房里的人问他这是你妈妈吗，他含着眼泪连连点头，哽咽着什么话也说不出来……听到这里我感动得泪流满面。

退休后，我在家里经常看到母亲的学生来看她，他们见到母亲那股亲热劲，让我汗颜。他们有的称呼妈妈、奶奶，有的称呼龚老师、龚校长，我不由感触颇深地叹了口气："人间自有真情在，看来母亲真是个受人尊敬的人，她有一颗善良、博爱的心。"耳边仿佛又一次响起父亲那句发人深省的话："爸爸是农业社的爸爸，妈妈是学生们的妈妈。"我顿时明白了，母亲在我心目中的形象也变得高大起来。

父母亲对我们要求非常严格，从小要求我们做到四要、四不准。四要就是：一要听老师的话，好好学习；二要爱劳动，爱整洁，自己的事情自己做；三要爱护公物，爱惜粮食；四要有礼貌，尊敬老人，爱护小孩。四不准就是：一是不准在任何情况下搞特殊；二是不准以父亲的名义谋私利，图方便；三是不准与别人比吃穿；四是不准说假话。父母亲的教诲让我们从小养成爱学习、爱劳动、艰苦朴素、勤俭节约的生活习惯。

1965 年上半年，母亲组织全校师生去莲花县城参观烈士陵园，接受革命传统教育。从南陂小学到莲花县城走山路也有 40 多里路，那时，我才 9 岁，读二年级，是班上年龄最小的。农村孩子读书晚，有的十来岁才上一年级。我走了一半路就走不动了，高年级的姐姐要背我，母亲坚决不让，坚持让我自己走，她陪着我走在最后，我一步一拐很不容易到了县城，母亲最终表扬了我。

父母亲对我们的严格在村里是众人皆知的。不论男孩女孩，到了上学的年龄，父亲就会给我们分配硬性的劳动任务。记得我 5 岁起就要扫地、洗碗、拔猪草；读小学时劳动就要定量了，每天要拔猪草，小的要拔三五斤，大的要拔十斤以上；读初中后要干割草、积肥等农活，每天早上还要到离家100多米的水井里挑水，父亲给我们做了大、小水桶，哥哥挑大桶，我们小的挑小桶，直到把家里的大水缸挑满为止。我们拔回来的猪草要称斤两，造册登记，每半年评比一次，劳动成绩优秀的奖励学习用品，劳动成绩差的要做检讨，受批评。10岁起，我们自己的衣服、鞋袜都要自己洗，等我们上初中，父母亲给我们每人一个针线包，衣服破了、扣子掉了要自己缝补。

那年月，村里每家每户都养猪，到过年就可以大吃一顿。而我们家养的猪最多，我们一年到头辛辛苦苦拔猪草，喂养到200多斤一头的猪，却被父亲全部以平价卖给国家。父亲说："我们国家欠了苏联债务，他们要求用猪肉抵债，我们就要为国家多养猪还债。"这些大道理当时我们不懂，从小到大家里每年都养猪，最少也有两头，可从来没有杀过一头猪，在那个缺衣少食、物资贫乏的时代，猪也卖给了供销社，供应给老百姓，过年才会回供一些肉。

那时候，我们非常羡慕村里的孩子，他们整日可以和父母亲热热闹闹在一起，父母给孩子洗衣、做饭，呵护他们成长，生活条件稍好后，还可以让孩子去城里上高中、读大学，改变人生。

而我们的父母亲从小教育我们：凡是当兵、上学有名额限定的；凡是别人需要的东西，我们要让、不能要，要靠自己的本事，自谋出路。在他们的严格要求下，我们兄妹的工作虽然都很平凡，但大家干得都很出色。随着年龄和阅历的增长，我们明白了父母亲的严格要求，让我们从小就养成了勤劳、独立、有爱心的品格，能更好地面对人生。

母亲一生吃穿都非常简单，我们工作后给她买衣服、鞋子，超过100块钱的她都不穿；平时买水果回家，超过3块钱一斤的，她就不太高兴，总会说父亲还在的话，决不会吃这么贵的东西。她把平时省吃俭用下来的钱，拿来帮助那些贫困学生和困难群众。

说实话，年轻时，我们不太理解母亲，甚至有些埋怨。那时候姐姐甘平荣在单位做档案管理工作，档案室多年没人整理，都是灰尘，一股霉味，又不通风，姐姐长时间待在里面埋头工作，慢慢地得了过敏性哮喘，病情越来越严重，好几年卧床不起，即使这样，母亲也没有想到要出面说情，帮她换个工作，姐姐到现在都出不了门，不能正常生活。我们每次去看她都心疼不已，有时候我们姐妹在一起议论，母亲是不是对我们不太关心呢？然而，我在整理母亲的日记时，看到一段关于姐姐的话后，才真正地理解了母亲。日记里说："平荣的哮喘病今天没有发作，精神比较好，起得早，吃过早饭去上班了，我吊着的心才放了下来。我宁愿少活十年，也情愿换她一天天地康复。"读到这里，我禁不住泪流满面。母亲不是不关心我们，不是不帮助我们，她是把所有的情、所有的爱，全部奉献给了她的学生和困难群众，把对儿女的爱，深深地埋在了心里。

艰苦朴素须谨记　优良家风应传承

父母亲一生过着极其朴素节俭的生活，对自己近乎苛刻吝啬，从不乱花一分钱。母亲在乡下生活几十年,陪父亲治病去过两次上海，一次南昌，一次井冈山。除此之外，她几乎没有去过任何大城市和风景区。

有一次，父亲去吉安买拖拉机，晚上住旅馆，但是服务员告诉他没有房间，父亲说：“那请你给我一条凳子，一点木炭，我在这里坐到天亮就行了。”过了一会儿，又来了几个旅客，服务员却给他们开了房间。这时父亲才知道，原来服务员是看他穿得破烂，看不起他，怕他没钱住店。后来，吉安市委的领导知道父亲来了吉安，去各大旅馆找都没找到，最后在这家小旅馆的角落里找到了父亲。当服务员听说这个穿得破烂的老头就是农民将军甘祖昌时，她吓坏了。这时父亲对她说：“小同志，不要看不起农民，农民是我们的衣食父母啊！”

由于战争年代留下的伤病，加之随着年龄的增长，父亲经常要去医院看病买药，按规定他的医药费是可以全部报销的。但父亲却坚持自己出钱，决不花国家一分钱。

我前面有两个哥哥、一个姐姐,衣服到了我身上已经是补了又补，母亲常对我们说，新三年，旧三年，缝缝补补又三年。对于上学的我们来说，被同学嘲笑穿着破烂衣服和鞋子是常事。

这些还不算，我们家的孩子很少有新衣服穿。每当年终临近，村民家家户户请裁缝做新衣服过年，我们家却例外。记得家里的生活用品都是父亲买的，我们穿的衣服布料就是一角七分钱一尺的白布，父亲买染料染成蓝的、灰的或黑的，家里男女老少都穿一种颜色，父亲说这样省布。家里的生活用品只要是能修补的，绝不买新的。记得小时候我们床上的蚊帐钩坏了，母亲要父亲买副新的，也就一毛钱，父亲看了看，找了根细铁丝修理了一下，又用了几年。

“历览前贤国与家，成由勤俭破由奢。”他们从恶劣的生存环境中一路走来，虽然现在生活条件好了，但不能忘记过去，好的传统和精神一定要传承。父亲离开我们后，母亲一直保持着艰苦朴素的生活作风。记得母亲曾为丢了一条穿了七八年的尼龙裤心痛了好几天；她

1975 年我（第一排左二）和妹妹甘公荣（第一排右二）参加甘祖昌先进事迹报告团

会自己缝补沙发上的破洞；她把一条穿了 20 多年的破毛裤改成坐垫，实用又美观。

好传统代代传，在父母亲的言传身教下，我们从小就养成了勤俭节约的习惯。“饭桌上绝不浪费，生活中朴素大方绝不铺张”是我们从小就懂得的道理。认识我们的人都说我们的衣着外表“一点都不像将军的女儿”。

1975 年夏天，我和妹妹甘公荣参加了吉安市委宣传部组织的“甘祖昌先进事迹报告团”，宣讲父亲的故事。这是我们第一次进城，住在地委招待所，父亲的战友听说了，就来看望我们，当他们看到我们穿着打了补丁的衣服时，眼里含着泪水说：“你们真是乡下妹子啊！”

我女儿李艺，在外婆的言传身教下长大。她用的牙膏一定是用到实在挤不出来才肯用新的；用洗过脸、洗过衣服的水拖地、冲马

母亲（右一）、我（中间）和女儿李艺（左一）合影

桶；经常打扫楼道的公共卫生；穿校服长大，从不乱花一分钱，从不在外面买零食吃。就是这样一个节俭的孩子，在 1998 年九江抗洪救灾中捐出了自己所有的零用钱,而这件事我还是从她老师口中得知的。2014 年，李艺得知外婆成立了龚全珍爱心救助基金会，她虽然还在还房贷，却捐出了 1000 元钱，以实际行动支持外婆的善举。她在大学里和爱人王永强都是第一批入党，年年被评为优秀学生并获得奖学金。工作后，她积极勤奋，被评为“全国青年岗位能手”。她生活朴素大方、勤俭节约，结婚、买房子都不要家里一分钱，她说工作了就要自食其力，不能再向父母伸手，这让我很欣慰。母亲对她也是赞不绝口，寄予厚望。

父母亲虽然没有给我们留下什么物质财产，但我们却得到了比金钱更宝贵的精神财富，这是传给后代的无价之宝。

母亲跟家人讲传统

老实做人、勤恳做事是家教

1957年，在得知父亲要回农村生活时，母亲问父亲：“你们那里有学校吗？你们那里的学校缺老师吗？”在得到肯定答复后，她毅然跟随父亲回到了江西省莲花县坊楼镇沿背村。

“只要有书教，再苦再累我都乐意。干自己的事，走自己的路，只要是对人民有益就应当全力以赴并且永远不后悔地向前走。”母亲在日记中写道。她辗转于战场、田野、教堂，克服种种困难，把大半辈子献给了山区教育事业，用无私的爱点亮了无数平凡的梦想。

温和而坚定的母亲从不以将军夫人自居，更喜欢别人叫她“龚老师”“龚校长”。离休后，母亲也没闲着，“只要还能动，还能讲，就要为社会做一点事，永不掉队”。她给自己定下规矩，只要走得动，就要去学校、社区、机关、部队、企事业单位做革命传统和理想信念教育报告。对她来说，这是一份“特殊的责任”。

深受父母的影响，甘家七个子女没人沾过“将军后代”的光。我们在生产队劳动，出工走前面，收工走后面，带头做别人不愿做的苦活、累活、脏活。

从小母亲就教育我们，任何时候都不能躺在父辈的功劳簿上享清福，不管是工作还是生活，都要老老实实做人，勤勤恳恳做事。这个观念早已在我们心中扎下了根，大家都在以实际行动传承和诠释父母亲的艰苦奋斗精神。

接过爱心接力棒

“当年明月在，曾照彩云归。”莲花县的山山水水见证了父母亲永葆本色、一心为民的信仰，也见证了甘家一代代家风的传承。多年来，在父母亲言传身教中成长的我们，“不摆老红军后代的架子，勇挑老红军后代的担子”的思想在我们心底扎了根。我们始终记得父亲的话：“一个人，无论在哪里，哪怕是当一名农民，都可以有一分热，发一分光，做一个有益于人民的人。”退休后，我们姐妹们都到龚全珍工作室做义工，积极投身公益事业，结对帮扶困难学生，走访慰问孤寡老人……用勤奋、奉献、爱心传递正能量。

一心为公，恪尽职守，牢记父母亲的嘱托。我们将父辈的精神记在心里，体现在行动上，用心去做，乐于奉献。我们上初中后就能自食其力，在回乡务农期间带头做苦活、脏活、累活，在艰苦的劳动中成长。1974 年，我担任了生产队妇女主任，因吃苦耐劳，表现积极，被大队推荐上大学。村里有个退伍兵也想去上大学，但没有名额，父亲得知后二话没说，当即给县里打电话，硬是把我的名字改成了那个退伍兵的名字，当时，我很不理解，就找母亲哭诉，母亲劝我说：“仁荣啊，这个退伍兵自小没有母亲，生活很困难，他比你更需要这个机会。”听到这些话，我很伤心。工作后，我更加积极努力地学习，老老实实做人，勤勤恳恳工作，曾多次被省、市、系统单位评为先进工作者、优秀共产党员。妹妹甘公荣本可以上高中，但因升学名额有限，父亲让她回乡务农，接任了生产队妇女主任，之后又担任了公社团支部副书记。直到 1978 年，国家落实知识青年上山下乡政策，她被分配到县电影院工作，后又被调到县工商银行当储蓄员。她在家乡基层默默坚守了几十年，被评为全国金融系统先进工作者、全国劳动模范。

弘扬传统，尽孝感恩。多年来，每次我们买衣物给母亲，她总嫌贵，不让买。记得有一次我买了件真丝的衣服给她，她问我衣服的价格，虽然我骗她说才 100 块钱，但她还是不高兴，以后也没见她穿过。我们发现母亲有时也会发生“经济危机”，听母亲的好友陈阿姨说，母亲经常向她借钱，是因为她有时碰到困难群众，身上没钱就借钱帮助他人，发了工资再还。以后，我们逢年过节改为寄钱，我们的孩子参加工作后过年也给她“压岁钱”，她都很乐意接受。

薪火相传，生生不息。退休后，我们致力于传承和发扬父母艰苦奋斗，帮扶困难群众的优良传统。一是做好宣传员。2013 年我作为龚全珍先进事迹报告团成员，在北京人民大会堂作报告，并在湖南、山东、陕西、甘肃、新疆等地及江西省辖市县机关、高校宣讲，取得圆满成功。2015 年我应邀赴原兰州军区对父亲甘祖昌的先进事迹进行宣讲，广受好评。2021 年 6 月，我还参加了江西省老干部局举办的全省离退休干部党史学习教育巡回宣讲报告会。妹妹甘公荣应井冈山干部学院邀请参加红军后代访谈课，做好父母亲优良作风的宣传员。二是当好记录者。我长期陪伴在母亲身边，有说不完的话、问不完的问题，不断从母亲的回忆中详细了解他们的过去，从点点滴滴的故事中感受父母亲的大爱。我一边广泛收集散见于全国各类图书、报刊中有关父亲甘祖昌、母亲龚全珍的事迹资料，一边与曾经跟父母亲一起劳动、工作过的乡亲们促膝交谈，对收集到的资料细心整理，经过近十年来孜孜不倦的整理撰写，出版了《父亲甘祖昌》一书，《母亲龚全珍》书稿在母亲病床边完成，年内出版。这两册书实事求是地记述了我的父母亲青春少年的志气，记述了他们激情燃烧的岁月，记述了他们壮怀激烈的人生，记述了他们老骥伏枥的风采，记述了他们生活中的点滴及对儿女的言传身教和感悟。为继承和传承他们的信仰、忠诚、精神和品格，需将他们的精神代代相传，不断发扬光大。三是做好接班人。“帮助别人就是快乐自己。”母亲几十年如一日乐于助人的事迹，也影响着儿女们。我在 1998 年九江抗洪救灾、2008 年四川汶川大地震、2020 年抗击新冠肺炎疫情等重大灾害面前，带头并鼓励家人积极捐款捐物；遇到困难群众、家庭，毫不犹豫伸出援手。我每年都为龚全珍爱心救助基金会、莲花县龚全珍志愿者协会捐款，并作为龚全珍工作室的义工及志愿者，尽己所能献爱心，做善事。

伸出手，献爱心，一代一代传下来。2014 年 1 月，母亲当选 2013 年度“感动中国”人物赴北京中央电视台录制节目，我和妹妹甘公荣陪同前往,在宾馆我们认识了同为“感动中国”人物的姚厚芝，她是重庆市巫溪县塘坊镇红土村村民，2006 年查出乳腺癌，需立即做切除手术。面对高额的手术费，她选择了“药疗”。经过 3 年多的时间，她终于绣好了《清明上河图》，她想将十字绣保存下来，即使有一天自己不在人世了，把它卖出去，孩子们上大学的钱就不用愁了。

姚厚芝有一双儿女，儿子在读初中，女儿在读小学，丈夫身患肝病，在煤矿工作，生活很艰难。得知她家的情况后，我们被她这种伟大的母爱所感动，当场我和公荣各捐 2000 元表示敬意，并承诺尽力帮助她的一双儿女完成高中学业。经了解，孩子一年的学杂费、生活费大约 3000 元，春节后，我给她寄了第一年的费用，第二年再给她寄钱时，姚厚芝打来电话告知我她的病情有所好转，他们的生活也有所改善，让我以后不要再给他们寄钱。真为她感到高兴，但愿他们的生活一天比一天好。

帮助别人渡过难关，是一名共产党员应该做的。甘公荣始终牢记母亲的话，每次走访，她都会仔仔细细地询问困难群众的生活近况，“最近身体怎么样？还缺什么东西吗？”

受母亲影响的不只是我们这一代，还有我们的下一代。我的女儿李艺，女婿王永强，外甥喻东海、金锋、杨涛，侄子甘晶、甘军，侄女甘红梅、甘红艳等也都成了龚全珍工作室的志愿者，大家都在献爱心，做善事，尽己所能，传递这份爱。

如今，子孙们接过母亲的接力棒，沿着她的道路，践行初心使命，奉献社会。我们这个四代同堂的大家庭，已经将“帮助别人，快乐自己”的美好传统融入生活的点点滴滴。2014 年 5 月，在寻找“最美家庭”的活动中，“龚全珍家庭”被推选为全国“最美家庭”。

这些年来，在各级党组织的正确领导下，在全体党员和群众积极参与和支持下，在龚全珍精神的引导下，为了让老百姓更好地生活，龚全珍工作室、龚全珍志愿者协会特色项目阳光小屋、童伴之家、爱心帮帮团志愿者服务队相继成立。我们也都参与其中做公益，每人每年捐款 600 元。全县 500 多个工作室、上千支党员志愿服务队为困难群众提供帮助，为留守儿童编织起安全的“童伴之家”，尽己所能播撒爱的种子，从十四五岁的孩子到七八十岁的老人，从个人到企业，更多人的爱心正在被点燃……

每个人都有心中的榜样，都有目光里的丰碑。我们的榜样就是为国捐躯的先烈、志士，还有我们的父母。父母亲给我们物质的东西不多，甚至比其他的普通家庭还要少。但我们是幸福的，我们得到了他们的言传身教，得到了这么好的红色基因。作为他们的孩子，我们在事业上、在作为上没有超过父母亲，我们只是普通党员、普通职工、普通群众、普通村民，但父亲说过：“人活着就要为国家做事情，干不了大事就干小事，干不了复杂的事就干简单的事，决不能无功受禄，决不能不劳而获！”这句话一直激励着我们，我们要成为像他们一样具有艰苦奋斗作风的践行者，成为光荣的劳动者。我们就是按照父母亲的教诲，一步一步脚踏实地走过来的。我们享受父母亲带给我们的，远远超过物质所能给予的无穷的精神欢乐。

父母亲的事迹被编成书籍，搬上银幕。电影《这样一位将军》由萍乡市大兴影视文化传媒公司出品，由高一工、李新刚执导，张志忠、迟蓬主演，于2010年上演。《共产党人龚全珍》一书，由中共江西省委宣传部组织编写，2013年11月由人民出版社、江西人民出版社联合出版。歌曲《老阿姨》由秦新民、陈涛作词，王黎光作曲，原空军政治工作部文工团独唱歌手汤非演唱并拍摄了MV，该歌曲于2014年1月发行，后来韩磊在《中央广播电视总台春节联欢晚会》上演唱了这首歌曲。2013年12月，萍乡市委宣传部、新疆军区联勤部和中央电视台七套用了近半个月时间，联合摄制了反映甘祖昌、龚全珍事迹的四集纪录片《红土情》于2014年8月5日至8日在新疆电视台播出，18日至21日在中央电视台七套播出。电影《老阿姨》由雷献禾执导，李雪健、陶慧敏主演，于2016年7月在全国公开放映。电视剧《初心》由宋业明执导，吴京安、丁柳元主演，于2018年2月5日在中央电视台综合频道首播。我们也会用自己的言行传承父母亲留给我们的革命家风，用它教育好子孙。

习近平总书记说过："我们要弘扬这种艰苦奋斗精神，不仅我们这代人要传承，我们的下一代也要弘扬，要一代一代传承下去。"我们会牢记习近平总书记的教导，全心全意为党、为人民、为社会做力所能及的事情，活到老、学到老、干到老，努力做一个优秀的共产党员。同时，教育好后代，继承红色传统，传承红色基因，让父母亲的好思想、好作风不断发扬光大。

这些年，全国各地都在宣传母亲龚全珍的事迹，这让她感到很不自在，她一再跟记者们说："其实我不过是一名普通党员、普通教师，平平常常的老人。"

母亲的心愿

1957 年 8 月，父亲带领全家回到江西老家务农，60 多年过去了，母亲经常回忆道："1950—1957 年，我在新疆乌鲁木齐八一子弟学校工作了近 8 年，让我终生难忘。"她在日记里先后不下十次提到新疆和八一子弟学校的战友们，回到江西后她先后四次回到新疆。

第一次是 1979 年 4 月，新疆军区发函，要为一位老干部平反开追悼会，邀请父母亲去参加。她激动地在日记中写道："像梦一样，我到底要到新疆去了，我只希望见见老朋友，见见我亲爱的母校。离开新疆二十二年了……"当时父亲身体不太好，他嘱咐母亲再替他踩一踩新疆辽阔的土地，看一看并肩作战多年的老战友。梦里多少次回到新疆，以至于她感觉像梦一样。新疆留下了她青春的岁月，是她和父亲开始携手的地方。当她和老战友们一一握手时，泪水禁不住奔涌而出，新疆注定是她一生无法忘怀的牵挂。5 月 6 日她在日记里写道："我向祖昌汇报了到新疆看到的老战友情况，他很高兴地听着……"

第二次是 1987 年 7 月，父亲病故后，她又一次回到新疆，为写父亲，她见到了与父亲并肩作战多年的张希钦、金忠藩和原南疆军区政治部主任陈春林，听他们讲述父亲的故事……当时，为了表达自己的怀念和哀思，留下永远的纪念，母亲开始动笔写《我和老伴甘祖昌》。第一站她就去了新疆，老战友点滴的讲述和追忆，让她眼中老伴的形象更加鲜活、清晰。

第三次是 2002 年 9 月，新疆军区联勤部出版《一代风范：将军农民甘祖昌》一书，邀请母亲参加新书发布会。她在日记里充满感情地写道："7 日，到了新疆。9 日去看望祖昌的战友，深受感动。"

最后一次是 2011 年 7 月，我告诉母亲休假想去新疆看看，我虽出生在新疆乌鲁木齐，后来都没再去过，我想去看看父母魂牵梦绕的地方。没想到母亲当即表示要跟我一起去，她说："让我有生之年，再最后看一眼新疆吧！"简单一句话，倾注一世情！我们再也说不出劝阻的话，还做出了祖孙四代全家 7 口一起去新疆的决定。到了新疆故地重游，我们在游览乌鲁木齐市最大的公园——红山公园时，她要爬一百多级的台阶，当时山上的花草刚浇过水，地上湿漉漉的，我们想搀扶她。母亲说："不用，我的两条腿还行，能走。"结果，她只在登上山顶前休息了 10 分钟，最后顺利登顶。她激动地说："89 岁啦！看来我身体还行，还能再活好几年哪！"

2012 年 2 月，我退休了，母亲也 90 岁了，我可以全身心地照顾、陪伴她，尽己所能满足她的愿望，让她度过幸福快乐的晚年生活。

2013 年，我接母亲和妹妹在井冈山过夏天，我们一起去北山烈士陵园祭奠革命英烈，她又一次登上了北山，高兴地说："我这双腿还能走几十里路。"

2014 年，母亲说她离开烟台 70 多年了，想回山东烟台看看。济南还有她的三嫂一家，青岛还有小妹妹一家，她小学同学谭明修也在青岛，这都是她牵挂的人。我们兄弟姐妹中有不同意见，他们认为母亲已经 92 岁了，不便出远门。为完成母亲这一愿望，2014 年 10 月 7 日至 18 日，我还是陪母亲成行了。先到济南看三舅妈一家，老姐妹抱在一起热泪盈眶。让我们感到激动的还有母亲在新疆军区八一子弟学校教过的几个学生从天津、湖南、湖北赶到济南与母亲相聚，分别 60 多年，他们也已是 70 多岁的老人了，他们热泪盈眶相拥在一起，当年的小兵娃一声声呼唤："龚妈妈，龚老师，我们一直都很想念您！"母亲饱含深情地说："我也很想念你们，当年我最担心的是孩子们的父母，有的在边防，盼望他们能平安来看孩子、接孩子，我就放心啦。”见此情此景，我感动得泪流满面。第三天，我们到了烟台，得到母亲的母校烟台一中的热情接待，我们参观了学校的校史馆，重温了校训、校歌，还有一间专门介绍母亲龚全珍事迹的场馆。老师把我们带到海边母亲家住的方位，边上张裕酿酒公司的旧楼还在，这一带已经是环境优美的公园。母亲面对大海，老泪纵横，深情地喊道：“大海啊母亲，我终于回来了！”迎着海风，我们一起唱了《大海啊，故乡》《松花江上》《没有共产党就没有新中国》等歌曲。在烟台住了三天，母亲依依不舍地离开了。到了青岛，小姨帮忙找到了谭明修阿姨，并约好在她家见面。又是一个激动人心的场面，谭阿姨说她俩学习成绩是班上的前三名，但她一直没能超过母亲。母亲说谭阿姨个子矮小，老是被男同学欺负，她就保护谭阿姨，发小的情谊深似海。这趟重返故里，母亲带着深深的情谊和满足归来，她说死而无憾了。

母亲龚全珍（左二）与发小谭明修（左三）合影

2018 年 8 月 17 日，我的邻居大哥王中俊和他儿子特意邀请母亲去炎帝陵祭拜祖先，我当时担心母亲的身体，不敢冒险，没想到母亲却爽快地答应了。她可是个唯物主义者，一生没有进过寺庙，我正纳闷，母亲告诉我："炎帝首创了农耕文化、中医药文化、工业文化、商贸文化，炎黄子孙祭奠炎帝，表达的是华夏子孙对炎帝精神的崇敬之情。"原来还有这么重大的意义，母亲又给我上了一堂生动的历史课。

附录一
龚全珍部分手稿摘录

他的影子常在我心中闪光

时光已经过去45年了，但我的母校，坐落在观河旁的国立一中的美好景象依然深深地印在我的心中。那时我还是个十八九岁的高中学生，因不堪忍受日寇侵占后的奴隶生活，背井离乡，流浪到河南省淅川县上集，那里聚集了约500名师生，是国立一中校本部。那些老师们勤勤恳恳培育着在苦难中求学的青年们，使人难忘。特别是学校中唯一的校医韩大夫，更给我留下了不可磨灭的印象。我不知道韩大夫的名字,老师、同学们都亲切地叫他韩大夫。他约40岁,中等个子,瘦瘦的，有一双炯炯发光的眼睛。学校有一间小小的医疗室，韩大夫是“光杆司令”，医疗室里没有护士，只有数量不多的药品。他把女生培养成他的护士和助手。男生每周上一节军训课，女生就跟他上生理卫生课。他给我们讲人体的构造,十大传染病等内容。课外活动时，还把我分配到医疗室当护士，给受伤的师生冲洗伤口、洗眼、换药。

我们的资金很少，听人说是二等兵待遇，所以生活艰苦。早上几个红薯，煮玉米粥，中午和晚上都是每人一个大馍馍。8 人一桌一大碗蔬菜，只有在月尾时才能吃上一两顿带肉的菜。可是病号另有一个小灶，入病号灶要经过韩大夫检查批准，专有一个老人做饭。韩大夫亲自为食堂定食谱，并经常督促检查。那个灶办得真是好，每周都有一两次蛋、肉，不仅营养丰富，而且花样多，口味鲜美。我曾因患胃病吃过两周病灶，至今想起来还觉得不可思议，那么一点点钱，怎么能把伙食办得如此精美。他为病号迅速恢复健康花了多少心血！

那时疥疮流行，学生们普遍都染上了，到晚自习奇痒难熬。韩大夫又自制了大量硫黄膏药，为我们准备了一大盆炭火、热水，又洗，又在火边烘烤，使药入内，杀菌。半个多月同学们都先后痊愈。使我记忆尤深的是，一位女生忽然得了白喉，他焦虑万分，在女生宿舍挤出靠角的一间小屋做临时病房。他不准我们靠近病房，只他一个人戴着大口罩匆匆忙忙来去在这个小屋中，送药、打针，守护在病房一周后，这位女生奇迹般地康复了，白喉也没有传染给第二个人。而韩大夫的眼窝却深深地陷下去，下巴更尖了。啊！这个可亲可敬的校医，是他拼力夺回了她的生命，是他捍卫着我们全校师生的健康。

1957 年我随丈夫甘祖昌从乌鲁木齐回到江西农村。他带领农民改良红土壤，改造冬水田，培养优良品种，修水库，建电站，为改变农村面貌艰苦创业。我不会干农活，只好回到教育战线，当了农村中学的教员。学校刚创办，很简陋。3 个教员一个班，50 个学生。第二年扩充到 150 多人。学生多是离家几十里路的农民子弟，每周回家一次，带来米、菜。在那个年代，老师常常带学生出去参加劳动，在劳动中难免要受点小伤。不上药就会化脓感染。看到这种情况，我主动配置了个小药箱，买了一些外用和常见病的内服药，自动自觉地当起了保健员，利用休息时间给学生们看病上药。

有一天，学生因感冒发烧躺在床上，早操后我去检查学生寝室，发现一个小男孩躺在被窝里，瑟瑟发抖，小脸烧得红红的。我摸摸头，好烫啊。我问他什么地方不舒服，他说头疼。看情况是重感冒，光吃几片药是不行的，得打针。我敢打针吗？我一再问自己。敢！我是韩大夫的学生，他能做到的事，我必须努力做到。于是我买了针药和注射器。我已学会了打针的位置和要点。感冒是常见病，我有把握。家长们把孩子交给我，我既要管他们的学习，也要管他们的健康。韩大夫已经为我做出了榜样，我怕什么。于是，我勇敢地拿起了针，按照规定的操作消毒后，刺下去。第二天他就退了烧。我还抽空给他做点容易消化的饭菜。就这样，我逐渐成为合格的兼职保健员。小药箱伴随着我度过了 18 个春秋。

关于如何改善学生的伙食，我曾做过一些努力。组织学生课余种蔬菜、瓜果,但无论如何也办不出美味多样的食堂来。学生没有钱，学校也没有钱，只好靠每个学生自力更生了。韩大夫，比起您，我是多么羞愧啊。

时光荏苒，韩大夫，您在哪里呢？假如您还健在，已是 80 多岁的老翁了。您在我心中像团火，激励着我不断前进。虽然我也年过花甲，我仍要像您一样，为祖国的四化事业默默贡献出自己的余热。

整理人：甘仁荣

跟着共产党走，是我一生最好的选择

我今年 95 岁了，经历过战争年代的烽火洗礼，唱响过新时代共产党人的初心赞歌，我始终坚信，跟着共产党走，国家才有希望，民族才能复兴，人生才有意义。

共产党是帮助我们打鬼子的亲人。我最初对共产党的认识是从比我大两岁的三哥开始的，在日寇进入烟台时，三哥就加入了八路军，那年他 16 岁，对 14 岁的我说，他要去远方，参加共产党领导的八路军，打鬼子。我也很想跟他一起走，可三哥说："你还小，部队不收，我讨论了三四次才同意的，等三年，三年后我来带你去找共产党，共产党是帮助我们打鬼子的亲人。"三哥、八路军、解放区、马克思主义……我认定："跟着共产党走，就是前途。"

1938 年初，我的家乡烟台彻底沦陷了，亡国奴的日子实在难熬，日本鬼子经常派特务迫害爱国青年，每当晚上我就听到惨叫声，我知道又是日本宪兵队恶魔在迫害爱国同胞，心里很害怕，害怕见不到明天的太阳，见不到我爱的三哥。3 年过去了，可三哥一直没有消息，我想去找他，也不知去哪儿找。虽然没有等到三哥来接我，但亡国奴的生活让我明白，如果不愿做奴隶就要逃出虎穴，只有逃出去了，人生才有希望。

1941 年夏天，我离开了生我养我的故乡，从山东到安徽，从河南到陕南，一路辗转，一路求学。那时候，国民党军队很害怕日本人，有的甚至没有交战就投降了。我想，跟着国民党，我们只有做亡国奴，国家根本看不到希望。这时候，我心中就坚定了一个信念，一定要找

到三哥，要参加八路军，加入共产党，把鬼子从家乡赶出去。只要能成为共产党员，就算活一天我也最开心。

1949 年 6 月，我从西北大学毕业，听说解放军在学校招兵，我又想起了三哥口中的共产党、八路军，高兴得不得了。那时候我的思想还很单纯，只知道跟着共产党走，才有希望，共产党要招人，我就要赶紧抓住机会，就这样，我报名参加了中国人民解放军，分配到新疆军区八一子弟学校当教师，走上了跟三哥一样的道路。

1952 年 6 月 27 日，在校长李平同志和校总务主任杜同志的介绍下，我光荣地加入了中国共产党，当时学校有 8 名大学生，我是最早入党的。我清楚地记得，在宣誓的前一夜，我失眠了，因为我终于得到了组织的认可。同时想着找到了三哥后，我可以自豪地说：“我，也是共产党员。”在入党宣誓前，李平校长说：“小龚啊，入党后就要听党的话，跟党走。”我坚定地说：“只要能够成为共产党员，就算活一天我也最开心。”当时，我觉得人生的最高理想已经实现了。

活一天就要当好一天的党员，发出一天的光和热。人们说，甘祖昌选择了一条苦路。我想说，他甘心吃苦，因为他说过，他是一名共产党员，他把人们认为的苦，当作一种责任，能够担负起这种责任，是最愉快最幸福的事。

1967 年，我被戴上了“走资派”的帽子，想到自己的理想、信念都渺茫无望，我想到了死。甘祖昌使我坚定了信念。现在想想，一点风浪都经不起，能称为合格的共产党员吗？经历了那场磨难，更坚定了我对党的认识。

受祖昌的影响，他去世后，我选择了去幸福院。这条路是祖昌指的，我也认为很合适。为老人们洗补衣物，搞搞卫生，为祖昌的战友和他们的家属服务。幸福院旁边是莲花县琴亭小学，作为该校的校外辅导员，我还要为孩子们做点事情，当我看到下午放学后，还有几个学生没有回家，在马路边玩耍，很不安全，在学校了解到有八九个留守儿童，父母在外地打工，爷爷奶奶无力管理的情况，我就把他们组织起来，在幸福院申请到一间房子，每天放学后，我就辅导他们写作业，讲故事，并买了一些课外书供他们学习……

在幸福院住了几年，子女们坚决不让了，把我接回了家。但我不愿意闲着，成为一名无事可做的党员。我担任了莲花县关心下一代工作委员会的第一任主任，经常到学校、社区、机关、部队、企事业单位作革命传统教育报告。后来，我发现还有一些贫困学生，因家庭的原因不能上学，我就尽自己所能捐助他们。

我又倡导建立了龚全珍工作室和龚全珍爱心救助基金，帮助那些贫困学生和困难群众，让越来越多的孩子带着笑脸走进校园。龚全珍爱心志愿者队伍在莲花落地生根。想想我当年一边逃亡，一边求学的情景，我为这些孩子们和我们国家感到高兴。

虽然我现在年纪已经大了，记忆力也差了，昨天发生的事情，有时候都想不起来了，但我始终记得我是一名共产党员，活一天就要当好一天的党员，发出一天的光和热。

整理人：甘仁荣

附录二

在全国离退休干部先进集体和先进个人表彰大会上的发言

龚全珍
（2014 年 11 月 25 日）

尊敬的各位领导、各位老同志，同志们：

大家好！

我叫龚全珍，今年 92 岁，是江西省萍乡市莲花县金城社区的一名普通老党员，1976 年离休至今已有近 40 年。

今天，我能代表全国离退休干部先进个人在这里做大会发言，感到莫大荣幸，心里充满感激。党中央隆重召开全国离退休干部先进集体和先进个人表彰大会，党和国家领导人亲切接见我们这些老同志代表，使我们充分感受到党中央对我们离退休干部的尊重和关心，内心无比温暖。这里请允许我代表参加大会的老同志向以习近平同志为核心的党中央表示崇高的敬意和衷心的感谢！

1957 年，我随时任新疆军区后勤部部长的老伴甘祖昌，从乌鲁木齐回到农村老家，他务农，我在坊楼乡九都中学教书。1976年，我从教育岗位上离休，但是离休不等于离岗，老甘在世时曾经说过，“活着就要为国家做事情，做不了大事就做小事，干不了复杂重要的工作就做简单的工作，决不能无功受禄，决不能不劳而获”。这同样也是我的追求，离休近40年来，我走进学校、机关、部队、工厂，对青少年进行革命传统教育，我把自己大部分积蓄都拿出来，捐资助学、扶贫济困，服务社区、服务群众。我做的事情很简单，就是想尽我所能，为关心教育下一代发挥余热。虽然个人的力量有限，却得到了全社会的积极响应。这些年来，在各级党委、政府和社会各方面的关心和支持下，我所在的县先后成立了45个“龚全珍工作室”，组建了200余支党员志愿服务队，有近3000名党员干部结对帮扶困难群众，为基层群众提供发展基金200余万元，解决群众实际困难9200多个。现在，“龚全珍工作室”成为党员干部受教育的基地，为群众解决矛盾纠纷的平台。去年，我倡导成立“龚全珍爱心救助基金会”，得到了社会各界的支持。到目前为止，基金会已经募集到社会资金30余万元，资助困难群众和学生10多万元，这些都使我感到特别欣慰。

当年随老甘回到农村老家，很多同事和朋友都不理解。现在几十年过去了，我觉得我当初的选择是对的。我出生在旧社会，是党培养了我，是人民养育了我，我对党一直怀有深厚的感情，无论是大学毕业参加解放军，还是跟随老甘回乡务农建设新农村，以及后来建立工作室、成立爱心救助基金会，我都只有一个信念，那就是：作为一名党员，就应该听党的话、跟党走，为党工作。回顾我走过的路，虽然做了一些事情，取得了一些成绩，但这都是党的光辉指引，都是党的教育和培养的结果。

我们这些离休的老同志，从旧社会走来，见证了中华人民共和国的成立、社会主义建设和改革开放各个历史时期，现在又迎来了一个新的伟大时代。我们非常幸运。党的十八大以来，以习近平同志为核心的党中央亲民、务实、改革、担当、自信的鲜明形象，赢得了广大干部群众的衷心拥护和真心认可，我们老同志时时能感到新风正气扑面而来，精神为之一振，从内心更加对党充满了信心。我们虽然经历过一些坎坷，吃了一些苦，但是看到国家越来越好，就觉得曾经的付出非常值得，无怨无悔。现在，我们国家改革发展的任务还很重，前进的道路上还有很多困难。我们老同志要主动站在党和国家的立场上，做不了大事就做小事，干不了复杂重要的工作就做简单的工作，要永远做到在党言党、在党忧党、在党为党，始终与党同心。

今天，党和人民又一次给了我这么高的荣誉，我心里很不安，总觉得自己做得还不够。我时刻不忘习近平总书记去年在接见全国道德模范时说的话，要把艰苦奋斗的革命传统精神，弘扬下去，不仅我们这一代人要传承，我们的下一代，也要一代一代传承下去。我决心与全国广大离退休干部一道，认真学习贯彻党的十八大和十八届三中、四中全会精神，深入贯彻习近平总书记系列重要讲话精神，坚定中国特色社会主义理想信念，继续弘扬艰苦奋斗的革命传统，以自己的实际行动，关心教育下一代，带动影响身边人，把中国特色社会主义的接力棒一代一代传下去，为实现中华民族伟大复兴的中国梦增添正能量。

“早霞晚霞都是景，朝阳夕阳一首歌。”借此机会，祝愿所有的老同志身体健康、阖家幸福！祝愿我们伟大的祖国繁荣昌盛，江山秀丽！

谢谢大家！

附录三

甘祖昌赋

刘书环

存质朴，鄙奢侈，熠厚德，廓瀛寰。于兹瑰姿玮态，溯其本源。诞宕坊楼沿背村，隶属江西莲花县。位于井冈北麓，罗霄中段。升腾扶举而千异，浮光耀曙而万般。历逢秋收起义，红旗漫卷；萌芽火种，逐寇惩奸。丁卯入党，勇决劣绅土豪；戊辰入伍，智胜白匪民团。抗倭驱蒋，浴血陕甘宁；燎发摧枯，鏖战南泥湾。至乎天下，乃气冠群伦之中坚矣！

即此重踏张骞凿空之丝路，效法汉武固邦之戍边。掌舵后勤，夕惕朝乾；峥嵘流岁，攻苦茹酸。辞将军当农民，违世绝俗；携妻儿回故乡，铄地焮天。国耳忘家，萦系矜贫救厄；公而忘私，何惧枕冷衾寒。修水库、治瘠壤，犁畦锄畴；建电站、架桥梁，疏渎除樊。喜矣一身补丁，一双布鞋；悦矣一条汗巾，一根烟杆。其铁骨声影，醒聩震聋之标鲜耶。

夫人乃齐鲁温婉之闺秀，连枝比翼之垂范。所为神采奕奕，赣鄱莲花何烁烁；犹若目光莹莹，西域翠柏竟翩翩。以舍为乐，伉俪相慰；以勤为富，真挚及肩。昨宵充融祯瑞，今思福佑敬虔。老老实实做人，整躬率物；勤勤恳恳做事，隳肝沥胆。乃龚全珍工作室，鸿绩卓跞，旸谷炳焕。其迹当睹，其业可镌焉。

斯则戎衣军魂激荡，解甲军心绵延。好是忠诚信仰，淡泊名利；却为艰苦奋斗，务实清廉。党魂军魂，秉宗旨而砥砺；忧民惠民，袭基因以彰宣。毛主席褒奖，周总理挂牵；老百姓铭怀，总书记钦赞。大无大有，四海感羡；大开大阖，五洲称贤。悠矣久矣，亦崎嵚历落之鼓帆已。

至矣哉！望重成均，众目具瞻。赓续乎新故相推，砺盾磨剑；擘画乎日生不滞，振襟弹冠。竭智初心，汇磅礴之力；响遏行云，奏壮吟之弦。驾滔滔巨浪，纵横捭阖；乘浩浩长风，登高望远。噫！筑来日民亦劳止，汔可小康之家园者也。

龚全珍赋

刘书环

惟夫怀情愫，抒襟胸，展清懿，厚深宏。竭诚尽节，声达苍穹。其甘祖昌枕善而居，而龚全珍择善而从。与之结婚，历将军夫人而夷然；随之返乡，当农民家属而殷充。既为老表安康而忧，深以故土福祉而荣。褒其勋烈，总书记两次接见；奉其表率，老百姓膜拜敬重。至明之心，庶人、至人、圣人；至正之质，立德、立言、立功。古之鲜有也！

何等眷眷诱诲，款款初衷。防患于所忽，止祸于骄庸。联系群众，无私奉献，艰苦奋斗，一心为公。平凡教师，育李桃而研几；枯燥岗位，劳筋骨而始终。扶贫助学，聊尽绵薄；排忧解难，忘却夏冬。离休成立工作室，倍日并行；耄耋担任辅导员，坚守亲躬。知微知彰，溯端竟委而著述；匪石匪席，析肝沥悃而顺通。咦，无俗无媚，不虚不空。若施恩于露洒也！

苟非还年驻色，备至推崇。耿耿乎惊诧世界，堪星河之嫦娥；煌煌乎流芳中华，亦大地之蛟龙。敦世厉俗，馨香祷祝；踏寻步履，钟鼓铿訇。猗欤！高山仰止，或珪璋特达之魅力；景行行止，及迈古超今之时宗。仙缘遇矣，拜祖尊雄。遂撰联吟颂老阿姨：神采奕奕，赣鄱莲花何烁烁；目光莹莹，西域翠柏竟翩翩。安不恰如是耳！

附录四

妈妈，我想对您说！

亲爱的母亲，敬爱的妈妈，我爱您！我为您骄傲，为您自豪！这句话一直深藏在我心里。直到退休后，我有足够的时间陪伴您，我们在一起有聊不完的话题，说不完的话。聊得最多的还是父亲和您，聊世界观、人生观、价值观和我们的成长经历,聊累了我们就听音乐，唱红歌。记得有一天，我突发奇想，故意撒娇对您说：“妈妈，您欠我们一个吻，要补上……”您很不自然地吻了我一下。我知道这不是您表达爱的方式，但足够让我感动一阵子。我接着在您前额上吻了很多下。我们在一起的日子是最幸福的、最快乐的。

亲爱的母亲，敬爱的妈妈，您就是上天派给父亲的天使，你们的理想信念融为一体，有很多惊人的相似之处：父亲出生在偏僻的山区，家境贫寒，还是在他舅舅的资助下，读了一年半私塾。他从小就肩负着家庭的重担，受尽地主的压迫和剥削。在方志敏的引导下，他入了党。为穷人翻身得解放，他紧跟共产党，出生入死，用双脚从黑暗走向光明，走到胜利。直到中华人民共和国成立，他又奔赴新疆建设。他从参加革命起，一直从事部队的后勤保障工作，不只是吃、穿、住、行这些简单事务，还涉及制造枪、炮、子弹，创办工厂，解决武器装备和部队的医药、生活用品等问题，这一切从无到有，从小到大，无不倾注父亲的心血。而您出生在一个美丽的海滨城市烟台，一户工人家庭，生活清贫，但勉强能上学，您十来岁就要洗衣、做饭、干家务，与父母抗争要上学，读到高一，坚决不当亡国奴，自己放弃学业，立志要向您的三哥一样，当八路打鬼子。一个花季少女，女扮男装，徒步从山东到安徽，从河南到陕西，一边寻找三哥，一边流亡求学。直到 1949 年，您大学毕业，参军进疆，当了一名穿军装的教师。你们一个从井冈山革命斗争到荒漠边陲，一个从黄海之滨到茫茫戈壁，是党组织的关怀，让你们结为了夫妻。应了那句：有缘千里来相会。你们一个义无反顾投身革命；一个传道授业，教书育人。你们一个从农民成为将军，后又自愿解甲归田，再从将军回归了农民，为改变家乡的贫穷落后面貌贡献力量；一个耿耿忠心，自愿放弃优越的城市生活和工作岗位，一起回乡，建设新农村，为家乡的教育事业和社会公益事业而倾其所有。你们双双成为全国人民学习的模范、最美奋斗者。

亲爱的母亲，敬爱的妈妈，当聊到你们当初的选择时，您很坦然，认为父亲作出的任何决定都是对的。他能在农村生活，您也能。您的自信源于自己身体好，不怕吃苦，有文化，更是为了照顾好父亲的身体。然而刚回到农村时，您也遇到了不少一般人难以克服的困难：语言不通、饮食不习惯，蚊子、苍蝇、跳蚤、辣椒、煤油灯、赤脚等，吃不好，睡不好。一下子要和农村人长期相处，在生活上、感情上的融合是多么的不容易啊！可您有着天然的适应性，很快就融入这个大家庭中。你们都有自己的规划：父亲回到了生他养他的地方，他对家乡的山山水水太熟悉了，有了南泥湾、新疆工农业大生产的宝贵工作经验，早已规划好了家乡建设的蓝图。回乡 29 年中，他开荒造田，改造冬水田、红土壤，科学种田夺丰收，带领乡亲们修建了 3 座水库、4 座电站、1 座水泥厂、3 条公路、12 座桥梁、3 根压力水管和 1 条 40 多

里的引水渠。而您发现农村不缺农民,缺的是教书育人的老师。于是,您重返教室当老师。山区教学条件非常简陋，您带领师生勤工俭学，开荒种地、养猪、制土砖、烧砖盖教室等，每一件事情，您都虚心学习，从一窍不通到慢慢熟悉再到得心应手，最终到样样事情都身先士卒，一丝不苟。勤工俭学不仅改善了学校的办学条件，增加了收入，更重要的是让师生们的思想受到了教育，身心得到了锻炼。您倡导把学校办到村庄，在南陂几个大村庄办起了民办小学、夜校，您兼任校长，进行全民扫盲教育。当老师，您视学生为儿女；当校长，您全心全意为学校操劳；做教育，您用心血滋润孩子们的灵魂。

亲爱的母亲，敬爱的妈妈，您舍小家为大家，一心扑在工作上。那时候，我们多么需要父爱母爱，需要你们的陪伴和呵护啊，可是您从回乡当老师起一直到离休的 18 年间，除了节假日，几乎每天吃住在学校，学校就是您的家，您成了名副其实的“周末妈妈”。我们看到邻居家的孩子晚上和父母亲热热闹闹在一起，就问父亲为什么你们就不能像他们那样陪伴我们呢？父亲若有所思地说了一句我们当时听不懂的话：“因为你们的妈妈是学生的妈妈，正如你们的爸爸是农业社的爸爸一样。”那时，我们还一度怀疑自己是不是你们亲生的。长大后，我才明白为什么父亲不分昼夜为集体操劳，为什么您要扎根山区的教育事业，什么样的世界观，就有什么样的人生观。我也渐渐明白了你们当初的严格要求，培养了我们勤劳、独立、有爱心的品格，让我们更好地面对人生。

1986 年 3 月，父亲病逝。一只铁盒子是他留给您和我们唯一的遗产，里面用红布包着 3 枚闪光的勋章，那是 1955 年父亲荣获的二级八一勋章、二级独立自由勋章和二级解放勋章。您明白，他虽然没有留下任何物质财富，但这笔精神财富是多少钱也买不来的。您说：“老甘是一个从来不谋私利、一生为党、一心为人民做贡献的人。如果重新给我一次机会，我依然会选择陪伴在他左右。”这让我从你们身上读懂了什么是志同道合，什么是同甘共苦，什么是相濡以沫。

亲爱的母亲，敬爱的妈妈，您艰苦朴素，赤诚待人。您一辈子过着极其朴素节俭的生活，对自己到了近乎苛刻吝啬的地步。您穿着打补丁的衣服，谁也想不到您是个大学生，是个老师，是个校长。你们的生活方式、工作作风、思想品质完全一致,对生活要求很低很低。更难能可贵的是，您不仅不要父亲的工资，连自己的工资都交给父亲支配，支援家乡建设。您从没有利用父亲的名义办过任何违反原则的事，您从没有利用父亲的名义为儿女谋私利……而是在父亲的身后默默地支持他、关心他、照顾他。在您心里,无论父亲是将军还是农民,都是那个为了信仰和理想而忘我奋斗的英雄。他不仅是您的伴侣，更是您学习的榜样和人生的导师。父亲去世后，您始终铭记父亲的处事方式，在处理事情时您会想“如果是他会怎么做”。这么多年来，让您最满意的事情就是完成了《我和老伴甘祖昌》一书的出版工作。这就是我平凡而伟大的母亲，用一生在学习，不断将父亲的精神传递给更多的人。

您做好事，显示出一个党员与军人的情操；讲传统，您的信仰坚定,不忘初心。习总书记称您为“老阿姨”,您是女儿心中的不老松。临近百岁高龄，您从未懈怠和贪图安逸；几十年风雨沧桑，您从不迷失，忠诚如一。你们给子孙传递了阳光、理想和力量，你们是女儿永远的骄傲，永远的最爱，永远的学习榜样。

您对于所得到的各种荣誉，都觉得自己还差很远，不能够胜任。您常挂在嘴边的一句话就是,“我就是一个普通人,就是一个平凡的人,就是一名普通的老党员，为党工作是本分，我没有什么事迹，我做的都是我应该做的。”

“勤勤恳恳做事，老老实实做人。”“活着就要为国家做事情，做不了大事就做小事，干不了复杂重要的工作就做简单的工作，决不能无功受禄，决不能不劳而获。”这是父亲曾经说过的话，您始终铭记，并用整个后半生做了忠诚的实践者。我们将追随你们的足迹和信仰，不忘初心，牢记使命，将你们“淡泊名利，艰苦奋斗，一生为党，一心为民”的精神一代一代传承下去！

亲爱的母亲，敬爱的妈妈，您坚定地完成父亲未竟的事业，努力为老区人民多做一些力所能及的实事、好事。您尽全力为家乡人民促成了 3 件大好事：促成了塘山水库的修建，解决了全县人民的饮水问题；促成了高速公路的修建，萍莲高速公路通车，结束了莲花县没有高速公路的历史；促成了高铁的修建，通往莲花的高铁现在正在建设中，将来莲花人民的出行会更加便捷，这也将给莲花带来新的发展机遇，造福于子孙后代。父亲生前没有办成的事，您都替他做到了，天堂里的父亲一定会感谢您！

亲爱的母亲，敬爱的妈妈，我们一定会牢记习总书记的教导：“我们要弘扬这种艰苦奋斗精神，不仅我们这代人要传承，我们的下一代也要弘扬，要一代一代传承下去。”尽管我们都已退休，也要像你们那样全心全意为党为人民为社会做一些力所能及的事情，活到老、学到老、干到老，只要还能动，还能讲，就要做好红色传统的宣讲员，将您的爱心救助基金会办下去，致力于帮助他人，努力做一个优秀的共产党员。同时，我们也会教育好后代，让他们发扬革命传统，传承红色基因，成为新时代有理想有作为的一代。

附录五

龚全珍大事记

1923 年 11 月 18 日，龚全珍出生于山东省烟台市一个普通邮电工人家庭。

1932 年，启蒙上学。

1937 年，龚全珍考取初中。

1941 年，初中毕业后，龚全珍考入烟台市立女中读高中，后退学到烟台乡下孙家滩小学当教员。

1942 年，龚全珍背上行李离开家乡，从济南坐火车直达安徽宿县阜阳国立二十二中。

1943 年，与好友李葆华长途跋涉到达河南省淅川县国立一中。

1944 年冬，龚全珍和同学们徒步走了 20 多天后，到达了陕南小城——城固。随后，淅川一中和城固中学合并成为国立一中。

1945 年，西北大学增设教育系，龚全珍高二就报考并被顺利录取。

1949 年，龚全珍大学毕业并报名参军。

1950 年，龚全珍被分配到新疆军区八一子弟学校，当了一名穿军装的老师。

1952 年 6 月 27 日，龚全珍光荣加入中国共产党。

1953 年 3 月 23 日，经组织介绍，龚全珍和新疆军区后勤部部长甘祖昌结婚。

1954 年 12 月，龚全珍大女儿甘平荣出生。

1955 年 9 月，龚全珍被授予连级军衔。

1956 年 12 月，龚全珍二女儿甘仁荣出生。

1957 年 8 月，龚全珍辞去新疆军区八一子弟学校教务处副主任职务，随丈夫甘祖昌回江西省莲花县坊楼公社沿背村，当了一名乡村教师。

1958 年冬，龚全珍三女儿甘公荣出生。

1960 年 8 月，龚全珍小女儿甘吉荣出生。

1961 年，县教委安排龚全珍到南陂小学当校长。

1963 年，甘祖昌和龚全珍对乡村教育工作十分重视，在甘祖昌的督促下，选派了 100 多名民办教师在莲花县城进行了为期两个多月的培训班学习,在全县各村办起了民办小学、夜校进行全民扫盲教育，龚全珍兼任屋场、沿背村民办学校校长。

1967 年，“文化大革命”期间，龚全珍被作为学校的“走资派”挨批斗。

1968 年，龚全珍被下放到坊楼公社太安冲农场劳动。

1970 年，龚全珍回南陂小学当校长。

1975 年，经组织批准，龚全珍提前三年离休照顾甘祖昌。

1976 年 1 月，龚全珍的母亲病故。

1986 年 3 月 28 日，龚全珍的丈夫甘祖昌去世。

1989 年 10 月，龚全珍与分别几十年的兄弟姐妹们在济南大团聚。

1992 年 4 月至 1996 年 12 月，为了照顾幸福院里的孤寡老人和留守儿童，龚全珍搬到莲花县幸福院住。

1995 年 8 月，龚全珍赴北京参加抗战胜利 50 周年纪念座谈会，受到中央领导接见；同年，龚全珍担任莲花县“关工委”第一任主任。

1999 年 9 月，龚全珍被评为“全国离退休干部先进个人”。

2006 年 12 月，龚全珍被评为“全民国防教育先进个人”。

2013 年 9 月 26 日，龚全珍被评为“第四届全国道德模范”。

2013 年 10 月，龚全珍被授予“全国优秀少先队辅导员”称号。

2013 年 11 月，龚全珍被授予“全国三八红旗手标兵”荣誉称号。

2013 年 11 月，龚全珍发起成立了“龚全珍爱心救助基金会”。

2014 年 1 月，龚全珍当选“感动中国”2013 年度人物并受邀参加了春节晚会。同月，龚全珍撰写的《我和老伴甘祖昌》出版。

2014 年 9 月，龚全珍被授予“全国优秀共产党员”称号。

2016 年 2 月 2 日，在井冈山慎德书屋，龚全珍受习近平总书记接见。

2017 年 11 月，龚全珍被评为“全国未成年人思想道德建设先进工作者”。

2019 年 7 月，龚全珍被授予“全国模范退役军人”称号。

2019 年 9 月，甘祖昌、龚全珍夫妇被授予“最美奋斗者”称号。

2021 年，甘祖昌、龚全珍夫妇被评为 100 位重要英雄模范。

后 记

《父亲甘祖昌》《母亲龚全珍》这两册书实事求是地记述了我的父母亲青春少年的志气，记述了他们激情燃烧的岁月，记述了他们壮怀激烈的人生，记述了他们老骥伏枥的风采，记述了他们生活中的点滴及对儿女的言传身教。

出版这两册书，是我对父母亲的敬仰，是继承和传承他们的信仰、精神和品格，使他们的精神代代相传，不断发扬光大，为岁月留下记忆，为传统留下实录。只因自己水平有限，关于他们的叙述还不够全面，望读者批评指正。

要特别感谢我的女婿王永强、女儿李艺，他们对外公外婆充满深厚感情，对本书文字上的梳理、加工倾注了大量心血。感谢我的母亲一直以来给我的鼓励和支持；感谢我的家人的全力帮助，让我在母亲的病床边完成此书；感谢陈满娇、段黎亮、贺志斌热心提供图片资料；感谢江西教育出版社领导及编辑为本书出版投入的大量精力和劳动！

甘仁荣

2021 年 7 月 14 日